U0140215

WHAT'S YOUR ENNEATYPE?

AN ESSENTIAL GUIDE TO THE ENNEAGRAM UNDERSTANDING THE NINE PERSONALITY TYPES
FOR PERSONAL GROWTH AND STRENGTHENED RELATIONSHIPS

九型人格演色書

深入了解九角星圖, 探索學習, 成為更好的自己。

LIZ CARVER 莉茲·卡佛 & **喬許·許 JOSH GREEN**

著

彭臨桂 譯

CONTENTS

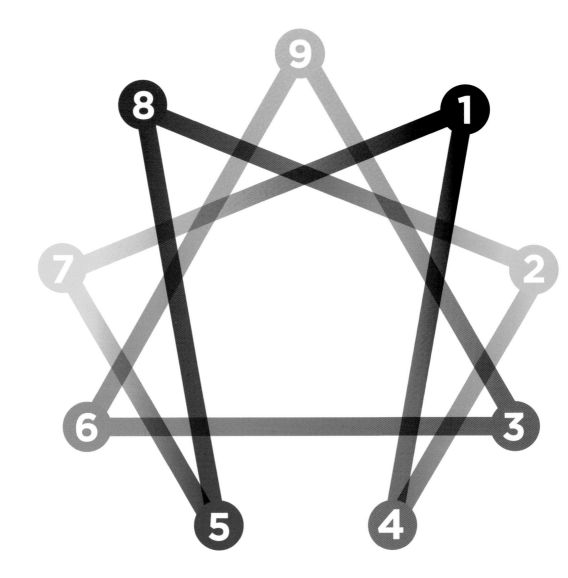

九型人格是什麼？
又不是什麼？

　　想像你心目中完美的宴會。有誰到場？在哪裡舉辦？什麼時候舉行？你負責主辦或烹飪？有誰幫你？邀請了誰？請運用你的感官。那裡看起來是什麼樣子？聽起來如何？聞起來像什麼？你會吃什麼？宴會怎麼結束以及何時結束？

　　無論你如何回答那些問題，都透露了許多關於你的訊息。莉茲（Liz）喜歡在家裡辦宴會並邀請一小群人來作客。她會在客人抵達之前準備過多的食物，雖然他們可以輕鬆地吃吃喝喝、談天說地、聆聽唱片，但她會在十點鐘前把所有人趕走。她不喜歡讓客人幫忙，而且用餐時總是想要使用符合宴會主題的漂亮餐具。她會建立起許多結構，做一堆事情，好讓大家盡量自在又放鬆。另一方面，喬許（Josh）不會在自己心目中理想的宴會擔任主辦人；而且宴會還是在一位最好的朋友家中舉辦。這樣一來，喬許就可以把細節交給朋友處理，但他可以當最稱職的副駕駛員和副主廚，製作或準備需要的一切。他會是最早到場又最晚離開的人。他可以在現場來去自如，跟各式各樣的人相談甚歡。宴會要持續很久，而他會跟晚上願意待到最後的人有一些深度對話。

我們很喜歡運用這種宴會練習，因為這能夠提醒我們，每一個人都是多麼的不同。每一個回答都能顯現端倪。無論你是想跟莉茲一樣當主辦人，或是像喬許那樣的交際達人（說不定你根本不想參加宴會），所有的答案都會透露出關於回答者的某些事。

我們各自都會以獨特的角度看世界，這是隨著時間塑造而成的。遺傳學、習性、家庭出身、人格、經驗、創傷、年齡、社經地位、種族、文化，全都會影響我們看待與因應世界的方式。終其一生，我們都在學習如何向這個世界展現自己，而到了二十幾歲時，如果沒有受到什麼意外的創傷，差不多也會奠定自己待人處世的方式。問題是，我們所學到的相處之道並非全都是適當、有益或健全的。我們的許多習慣其實都是早期學到的應對機制（coping mechanism），許多看事情的角度都會被童年的創傷蒙蔽，而許多對周遭世界的反應都是透過不良的模式形成。

九型人格是一種工具，能夠幫助我們理解人們所作所為的動機。這不是人格測驗，而是一種值得學習的架構。換言之，**其目標並非協助我們明白人們做了什麼，而是他們為什麼會這樣**。最重要的是，九型人格可以引領你在待人接物方面有所成長、戒除壞習慣，並且改掉不適當的想法。

九型人格是什麼？

九角星圖（Nine-Pointed Figure）

九型人格包羅萬象，是一種用「九角星圖」分析人格的教學工具。每一道線條都代表著不同的類型（Enneatype），以「1」到「9」命名（亦即用來描述這些類型的通用詞）。9型位於最上方的正中央，1到8則以順時針方向分布。

九型人格演色書——
深入了解九角星圖，探索學習，成為更好的自己

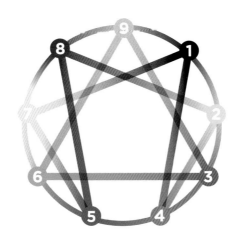

　　每一種類型都會以切過圖表的線條，與另外兩種類型相連。這些線條（後面會詳細說明）代表著每種類型往完善（成長、健全、健康）與惡化（壓力、不健全、混亂）方向的移動。九型人格圖傳達的是，我們不一定都能夠做最好的自己。有時候我們像是在空轉，無法向世界展現我們想要的樣貌（惡化）。在這些惡化的態勢中，我們會像這些連線偏向惡化的人格類型，呈現出一些最不良的特質。其他時候，我們則處於最佳狀態，並且能夠超脫日常行為，達到更高的境界（完善）。在這些完善的態勢中，我們會像圖中的連線將兩種類型連接起來，整合成完善的人格類型並呈現出一些最健全的特質。

　　有時候，九型人格的外圍會畫上一個圓（見上圖）。這種描繪方式讓每種類型都有四條連線通往其他類型，包括我們討論過的完善與惡化線條，以及將每種類型連到鄰接數字的外圍線條。這些線條代表側翼（wing），也就是跟你核心類型相鄰的兩種類型，其特質可能會影響你向世界展現自己的方式。你也許會發現自己有一道側翼、兩道（平衡的）側翼，或者完全沒有側翼。本書在說明九型人格時，也會繼續使用九角星圖，好讓你記住這九種類型是如何互相連接的。

個人成長的工具

　　首先最重要的一點：九型人格是一套個人成長的工具。九型人格不一定會著重於你的所作所為。它反而會深入探究你所作所為背後的原因，並且提供引導，讓你開始戒除壞習慣，改掉不適當的自我描述，逐漸成長為更完善的你。

　　我們都愛人格系統。我們都曾在人生的不同階段熱中於麥布二氏人格類型指標（Myers-Briggs Type Indicator, MBTI）。喬許是該分類中的ESFJ（提供者）型，莉茲則為INTJ（主導者）型。不過，到了某個時候，我們會發現自己想要了解更多。莉茲覺得INTJ所描述的個性尖銳之處並不完全貼切，雖然她還是很看重麥布二氏人格類型指標系統，也會當作參考，但這只能提供自我知識（self-knowledge）。

　　她真正想得到的是發展與成長。九型人格會讓你明白，自我知識並不是終點，而是帶領你成長的起點。

挑戰自己的工具

　　成長必定伴隨著改變，而改變免不了會帶來痛苦。九型人格的導師理查·羅爾（Richard Rohr）寫道：「自我知識伴隨著內心活動，會使人感到艱辛與痛苦。」這表示九型人格甚或是這本書都會給你挑戰。

　　在每一章的開頭，你會看到代表每種類型的巨大數字，旁邊還有一道很長的陰影。這意味著九個人格類型的中心除了有某種動機，同時也會有陰影面。我們希望你在閱讀本書時，能夠對自己誠實。每種類型都有非常陰暗的一面，而我們必須根除、重新學習並且跨越那道陰影面。九型人格的一項重點，就是要明白你最好與最糟的一面有多麼密切相關。我們必須知道自己的缺陷以及不良動機，才能克服它們，成為更完善健全的人。

我們在Instagram（@justmyenneatype）時常收到人們的訊息和評論，抱怨他們怎麼會是「最糟糕的類型」或者我們對待他們的類型怎麼「總是這麼刻薄」。人格類型並沒有什麼最差或最好，而且我們在談論九種類型時，都會盡量保持一致、公平、客觀。收到這類訊息時，我們通常知道對方內心發生了什麼事：九型人格的真理引起了他們陰影面的共鳴，那種不安的感覺會帶來痛苦，也具有挑戰性。

請好好處理那些不安的時刻。它們是你的禮物，能夠引領你成長及癒合。

教導同理心的高級課程

九型人格也是一種幫助我們理解他人的工具。透過這本書，你會學到身邊人們看待世界的九種不同方式。它會提醒你，不是每個人的思考方式都跟你相同。某人表現出跟你類似的特質或反應，不代表他們也是因為同樣的理由才那麼做。

我們會跟許多人合作，他們在種族、國家、社經地位、世代、宗教、價值取向等眾多方面都有所不同。我們也會跟重視多元性的組織合作。在一個多元的群體中工作，表示你必然會遇到磨擦，甚至可能每天都有。了解九型人格以及周遭人們的特性，能夠幫助我們更加明白為什麼有些人可能會反應嚴厲、猛烈斥責或是封閉與逃離，為什麼某些工作團隊會失常；或是為什麼其他團隊做得非常好。

九型人格會解開多元性的另一個層面，提醒我們要對他人有同理心。在你學習這九種類型時，我們希望你會發現自己愈來愈能夠以同情與同理的角度對待他人。

九型人格不是什麼？

不是表演的把戲

九型人格是能讓你用來做好事或壞事的工具。由於九型人格受歡迎的程度急遽攀升，因此最近經常被某些有心人士濫用，其中一種方式就是當成表演的把戲，用於「揭示」人們的性格，「賣弄自己對其他人的祕密知識」。

讓我們來戳破這種把戲吧。首先最重要的一點，這是針對**你**的工具。這個工具是要讓你用於個人成長，也可能在你開始了解身邊的人時，幫助你促進並治癒你們的關係。這個工具不是要讓你用來為別人貼上標籤，或是隨便當成某種遊戲。這麼做只會讓你看見人們的外在行為，以你自身的看法認識他們，因而將他們侷限起來。這種行為會造成傷害，而且我們在線上社群聽說過，許多人就是因為這個理由才不想分享自己的人格類型。

不是藉口

九型人格最常受到的一項批評，是當人們開始認識它，就只會停在自我知識階段。前面提過，九型人格是要讓你明白「自我知識並非終點，而是帶領你成長的起點」。例如，2型人知道自己是2型人後，不該因為這種類型的特點而感到驕傲。驕傲是2型人的陰影面，必須根除。

所以，許多人會非常排斥九型人格，就是因為他們還沒準備好或甚至無法面對自己的陰影面。這沒有關係，別給他們壓力。**九型人格是要讓你處理你的事，不是要讓你處理其他人的事。**

不只九種類型

　　從某個層面看，九型人格確實只有九個基本的原型，但其實它包羅萬象。我們先前提到九型人格圖中的那些線條，代表著每種類型會如何依其健全狀態改變（完善／惡化）。每種類型也有會產生陰影並顯示類型特質的側翼。另外還有三種本能子類型，使得九型人格更有深度。舉例來說，一位8型人可能是具有7型人側翼性格的社交本能8型人，這跟具有9型側翼的自保本能8型人截然不同。

　　請看一下這本書的封面。你會看到九角星圖的每個號碼各有一種單一的顏色。可是每種顏色都延伸出濃淡不一的色調。現在回來我們的例子，如果8型人是紅色，請記住正如紅色有許多色調，8型人也會有許多不同的類型。也就是說，雖然九型人格極有幫助，但它不可能告訴你關於你這個人的一切。

如何找出你的類型

　　要找出你的類型，最好的方式就是了解九大類型。這裡提供一項很好的練習：在一張紙寫下數字一到九，隨著你認識每種類型後，劃掉你確定自己不是的類型。很多人會在最後找出自己的類型，有些人則是一看到就知道自己屬於什麼類型。

　　一定要記得，九型人格不是測驗；這是一種理解的架構。我們做的不是量化研究，而是質性研究。要有好的結果就必須花更多時間，這是旅程的一部分。九型人格測驗最多只能替你指出正確的方向，但永遠無法確認你的類型，只有你自己才行。儘管如此，你必須有一定程度的自我覺察，確實回答問題，它才能發揮助益。

要找出你的類型，只能透過閱讀、研究和學習。開始了解核心需求、恐懼、動機等面向後，你可能就會看得更清楚。有些人在三分鐘內就知道自己的類型，有些人則要好幾年才能找出來。無論花了多少時間，這都很正常。

如果你發現自己在兩個或三個不同類型之間難以決定，就請注意成長與壓力的數字。特別要注意核心的恐懼、需求以及動機，並且深入了解子類型。不過，最重要的是，注意那些類型中有什麼令你感到不安，也要知道什麼能與你產生共鳴。通常令你最不舒服的類型都會跟你的陰影面產生共鳴，說不定能夠讓你找到自己的類型。

如何閱讀本書

我們寫這本書是要讓你當成資源。我們相信九型人格會幫助你成長，而希望這本書可以帶來樂趣，也能夠開闢途徑，讓你的生命與人際關係得到治癒和成長。

九種類型不一定要按照任何順序閱讀。你可以從1型人開始，或是從9型人開始倒著讀。從你的類型開始（如果你知道的話！），然後跳著讀；這可是你的書。以下有幾個你在各章節中會遇到的術語，在閱讀時可以翻到這裡參考：

子類型

九型人格會清楚闡明子類型的本質，也就是本能。每個人都是由這三種本能的其中之一主導：社交（Social, SO）、性愛（Sexual, SX）、自保（Self-Preservation, SP）。在你的人格類型中，主導著你的本能就是你的子類型。每個人也都會有一個次要的子類型，而且通常會認為第三種本能跟

自己無關。例如，屬於SO／SX的9型人，表示他們主導的了類型是社交，次要的子類型則是性愛。

- ✦ 社交（SO）型的人會在團體中找到一席之地，尋求人際關係，在行動時會考量團體的利益。你在閱讀每一章時，就會看到社交本能如何在該類型中展現的說明。
- ✦ 性愛（SX）型，有時又稱為親密型或一對一型，其動機是要在與他人連結的關係中找尋刺激。性愛型通常情緒較為強烈，也比其他本能更會表現出熱情。你在閱讀每一章時，就會看到性愛本能如何在該類型中展現的說明。
- ✦ 自保（SP）型的動機是以非常實際的方式保護自己免於受到外界傷害。這主要表現在他們尋求安全與安心的方式上。你在閱讀每一章時，就會看到自保本能如何在該類型中展現的說明。
- ✦ 你在每一章裡讀到子類型時，都會遇到「相反型」（Countertype）一詞。相反型的人可能會很難找到自己的類型，因為他們跟自己的核心類型格格不入。例如，9型人的相反型表現出來的樣子，是比較不像9型人的9型人，但是在動機、核心恐懼、需求及天賦方面的內在體驗，全都跟9型人相同。

側翼

　　側翼是與中心類型相鄰的兩種類型，你可能或多或少具有它們的特質。某些人有非常強的側翼性格，某些人則非常輕微，某些人的兩道側翼比重平衡，某些人則是完全沒有側翼。我們描述側翼的方法是在兩個數字中間加入 w。因此，有 4 型側翼的 3 型人就是 3w4。

三元組

　　九型人格分成三個三元組（triad）：身體、頭腦、內心。三元組說明了我們如何接收信息，以及我們與憤怒、恐懼和羞愧的關係。

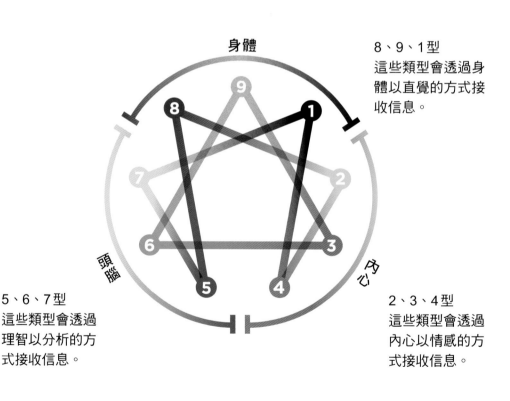

8、9、1型
這些類型會透過身體以直覺的方式接收信息。

5、6、7型
這些類型會透過理智以分析的方式接收信息。

2、3、4型
這些類型會透過內心以情感的方式接收信息。

✦ **內心三元組**的三種類型（2型人、3型人、4型人）會透過感覺，以情感的方式接收信息。他們對遭遇到的任何事都有感覺。雖然每種類型都有感覺，但除非你是屬於內心三元組的類型，否則身體覺知或思維會在你接收信息時最先發揮作用，即使只有一瞬間。這些類型的人會轉化，讓自己體會他人的感覺或行為。這又稱為羞愧三元組，此三種類型都會因為覺得自己沒有價值而感到掙扎。

✦ **頭腦三元組**的三種類型（5型人、6型人、7型人）會透過理智，以分析的方式接收信息。雖然每種類型對一切都有想法，但除非你是屬於頭腦三元組的類型，否則身體覺知或感覺會在你接收信息時最先發揮作用，即使只有一瞬間。這些人都是觀察者，會以事實和邏輯為依據，而不是感覺或情緒。這又稱為恐懼三元組，此三種類型都會覺得做出決定和規畫未來很困難。

✦ **身體三元組**的三種類型（8型人、9型人、1型人）會透過身體，以直覺的方式接收信息。當他們一到某個地方，早在對周圍環境產生想法或情緒反應之前，就有種直覺知道該做什麼。身體三元組的三種類型都會很努力想把事情處理好。這又稱為憤怒三元組，此三種類型都會有憤怒的問題。

姿態

　　九型人格也由三種姿態組成。依賴姿態、退縮姿態、侵略姿態，這些跟我們對待他人與時間的方式息息相關。

✦ 1型人、2型人、6型人屬於**依賴姿態**，這表示他們會以他人為導向，其身分認同來自與他人的關係。他們具有群體意識，會向他人尋求安慰。不意外地，這些類型的人很難以有效的方式獨立思考。因此，依賴姿態又常被稱為「思維壓抑」。這並不意味著1型人、2型人、6型人不會思考，而是指他們思考的成效不若其他類型大。依賴姿態的三種類型都認為，要滿足需求就必須去爭取。

✦ 4型人、5型人、9型人屬於**退縮姿態**，這表示他們以內在為導向，自我感來自內心。這些類型會從內在滿足需求，完全靠自己的理智和內心做出決定。退縮姿態又常被稱為「行為壓抑」。這並不意味著4型人、5型人、9型人毫不「作為」，而是指他們行為的成效不若其他類型大。他們可能會覺得實現想法很困難。跟其他類型相比，退縮姿態的三種類型更容易以過去為導向，主因是過去不需要「作為」。他們可能會在腦中多次重現以前的對話和場景，想著自己應該要有什麼不一樣的行為或說法。

✦ 3型人、7型人、8型人屬於**侵略姿態**，這表示他們以外在為導向，會與他人牴觸，在提出需求並達到需求時，會顯得很堅持（或具有侵略性）。他們知道自己要什麼，知道自己要去哪裡，而他們會前往目標，不許有其他人事物妨礙。侵略姿態的三種類型都是以未來

為導向，而非現在或過去，他們認為未來完全操之在我。侵略姿態的三種類型可能也會覺得很難真正探索自己的感覺，因此有些人談到3型人、7型人、8型人時，會使用「情感壓抑」一詞。比較容易理解的說法是，這三種類型偏重行動與思考，更甚於情感。這些類型的人通常較不重視情感。他們在生活中不會隨時都能接觸到情感，因此可能很難接納他人的情感，但這不代表他們是故意輕忽，就只是因為他們沒注意到而已。

姿態

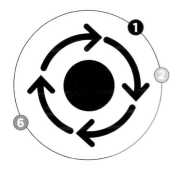 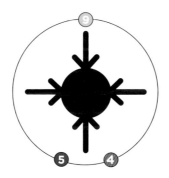 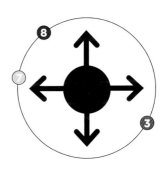

依賴

1型人、2型人、6型人這些類型會以他人為導向，而他們的自我感來自外在。他們具有群體意識，會向他人尋求安慰。

退縮

4型人、5型人、9型人這些類型的人以內在為導向，而他們的自我感來自內在。他們會從內在滿足需求，完全靠自己的內心和理智做出決定。

侵略

3型人、7型人、8型人這些以外在為導向的人會與他人牴觸，自我感強烈，在提出需求和要求時，會很堅持或具有侵略性。

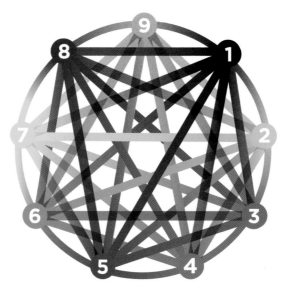

未出現的連結

　　我們相信，人們相似的地方終究會比相異之處更多。雖然九型人格在傳統上只有往完善與惡化方向靠攏的連線，但根據我們的經驗，九大類型其實是以更複雜的方式彼此相連。因此，在每一章中，我們會納入一節說明該類型「未出現的連結」。在傳統上不相連的兩種類型，就可以在此處找到交集與共鳴。

醒悟

　　「醒悟」聽起來可能很刺耳，不過我們在研究九型人格一段時間後，開始注意到相同類型的人之間可能會有顯著差異。有些人經歷過人生大事、創傷或某種情況，致使他們大幅軟化，變得非常不一樣。這些事件似乎跟年齡或成熟與否無關，因為它們是巨大的轉變，會將人們傷害到再也無法以「自動化」模式生活，並依賴其所屬類型的應對機制。有鑑於這樣的發現，我們開始非正式地把這種巨大轉變稱為「醒悟」。在每一章中，我們會納入一節說明該類型的「醒悟」會是什麼樣子，也就是要有怎麼樣的巨大轉變才能讓他們直接跳脫生活的循環，真正覺醒過來。

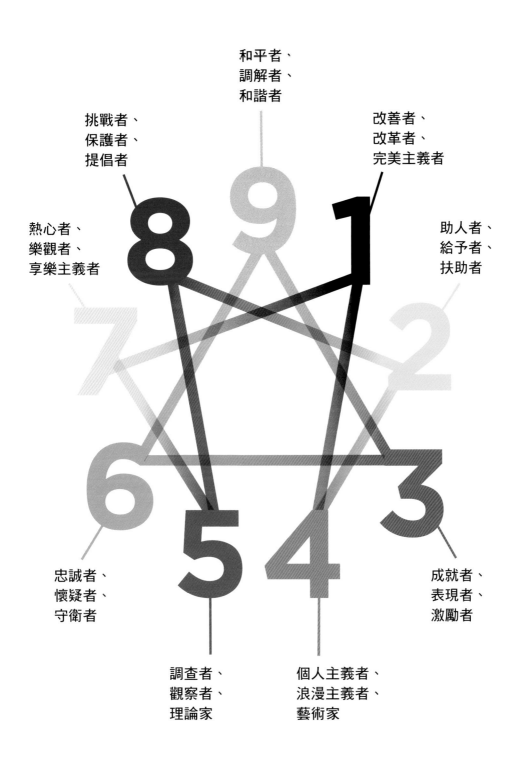

和平者、
調解者、
和諧者

挑戰者、
保護者、
提倡者

改善者、
改革者、
完美主義者

熱心者、
樂觀者、
享樂主義者

助人者、
給予者、
扶助者

忠誠者、
懷疑者、
守衛者

成就者、
表現者、
激勵者

調查者、
觀察者、
理論家

個人主義者、
浪漫主義者、
藝術家

改善者、改革者、完美主義者

人生策略：「我必須很完美，而且做對的事。」

需求：做對／改善事情。

推動行為的動機：完善、平衡、道德、害怕被譴責、害怕做不好、憤怒、避免被指責、改正錯誤。

陰影面：經常因為內在批評者（Inner Critic）在內心不斷發出指責的聲音而感到掙扎。

助人者、給予者、扶助者

人生策略：「我必須提供幫助、照顧，以及被需要。」

需求：被需要。

推動行為的動機：害怕被孤立、不被他人需要而感到羞愧、害怕失去連結。

陰影面：經常對自己的身分感到掙扎。

成就者、表現者、激勵者

人生策略：「我必須令人欽佩，看起來很有成就也很成功。」

需求：達到成功／表現得成功。

推動行為的動機：想要受人讚賞、成功、有價值、得到尊敬。

陰影面：經常害怕失敗，以至於很難對自己／他人保持誠實。

個人主義者、浪漫主義者、藝術家

人生策略：「別人必須以獨特的方式理解我。」

需求：跟別人不一樣、有創造力、與眾不同、找到自己的聲音。

推動行為的動機：想要保持真誠、成為獨特的自我、向世界表達自己、讓世界變得更美好。

陰影面：因為覺得比他人更破碎而有羞愧的壓力。

調查者、觀察者、理論家

人生策略:「我必須有見識,並且做好萬全準備。」

需求:理解、領悟、知曉。

推動行為的動機:想要有能力並稱職、探索現實、不受他人干擾、獨立。

陰影面:害怕被他人侵犯、害怕無知與空虛。

忠誠者、懷疑者、守衛者

人生策略:「我必須很安穩/安全。」

需求:安全、生存、做最壞的打算。

推動行為的動機:想要獲得安全與指引、有他人的支持、想要保護、覺得確定、想要照料他人。

陰影面:經常對可能發生的最壞情況感到恐懼或焦慮而被嚇傻。

熱心者、樂觀者、享樂主義者

人生策略:「我必須過得愉快,而且避免痛苦。」

需求:獲得有趣/新奇的體驗。

推動行為的動機:想要快樂、享受人生、擁有各種選擇、獲得樂趣!

陰影面:他們愉快的特質經常掩飾自己無法承受痛苦與苦難的事實。

挑戰者、保護者、提倡者

人生策略:「我必須堅強,而且不受他人控制。」

需求:絕對不受任何人控制。

推動行為的動機:想要自力更生、坦率正直、為大家尋求正義。

陰影面:經常因為害怕被控制而苦惱。

和平者、調解者、和諧者

人生策略:「我必須維持和平與平靜。」

需求:不計代價得到和平。

推動行為的動機:想要得到安寧、在環境中創造和諧、避免衝突/緊張。

陰影面:由於一直在維護和平而使自我感陷入掙扎。

顏色說明

終於要來討論顏色了。我們針對每種類型使用一種獨特的顏色，而這些顏色並不是隨便選擇的。以下是關於每個顏色的一些資訊，以及我們選擇的原因：

✦ **1型人的顏色是黑與白。**1型人看到的世界只有黑白，他們眼中沒有模糊地帶。1型人的特點就是能夠清楚分辨對與錯。黑色與白色是清楚確切的顏色，就像1型人以合乎邏輯、井然有序的方式看待世界。黑色是純粹、濃烈、一致的顏色。無論什麼場合，穿上黑色西裝或洋裝絕對不會出錯。健全的1型人就像這樣，體現了一致與果斷的特性，而這是其他類型做不到的。

✦ **2型人的顏色是藍色。**在本質上，最常與藍色有關聯的就是天空和大海，這在許多方面就像是2型人。平靜的水面和清澈的藍天展現出冷靜、平和、穩定，這些都是2型人體現的特質。另一種貼切的形容是，天空和大海也能帶來猛烈的暴風雨，因為2型人的愛可以像是「浩瀚的海洋」，正如樂團Sleeping at Last在〈Two〉這首歌中所述，為了愛人，他們甚至能夠移動山脈。然而，如果2型人覺得付出了對方卻不領情，或是被占便宜太久，他們也可能會像自然之力一樣擾亂其他人表面的平靜，甚至引發狂亂的暴風雨。

✦ **3型人的顏色是橘色。**3型人的特徵是有魅力又討人喜愛，所以鮮明的橘色代表許多人都會受到3型人吸引。橘色也跟健康與活力（想想水果和維他命C）有關，造就了3型人的生產力與效率。最後，雖然3型人的特點是擁有堅強、自信的人格，但他們也會不斷適應環境，好讓自己無論在什麼情況下看起來都很成功。因此，3

型人的代表色是一種二次色（secondary color），雖然鮮明強烈，但並不是原色。

✦ **4型人的顏色是紫色。** 紫色是自然色中最稀有的顏色，最適合獨特的4型人，他們喜愛被當成個體對待。紫色是一種二次色，混合了偏冷的藍色與鮮明的紅色。紫色可以當成冷色，也能作為暖色，就像4型人隨時都有「忽冷忽熱」的劇烈反應。在古代近東，紫色代表著財富和皇族，而且只用在最高檔的衣物與其他商品上。紫色是色彩中的獨角獸，而4型人是所有類型中的獨角獸。

✦ **5型人的顏色是綠色。** 5型人善於觀察，傾向用眼睛接收信息，而綠色是眼睛所能夠認出最多色調的顏色。綠色也是最能讓人眼得到休息的顏色，許多學校和機構為了平息緊張與焦慮，都會把建築物漆成綠色。5型人容易耗盡精力，所以令人放鬆的顏色可以滿足他們重新充電的需求。如果原色造成過暖或過冷的效果，綠色也常用來平衡，這代表著5型人體現的客觀性及非二元論（non-dualism）。

✦ **6型人的顏色是棕色。** 棕色是兩種中性色之一。中性不應被解讀為「無聊」，因為6型人絕對不乏味。世界上有很多種棕色，包括古銅色、咖啡色、紅褐色、栗色、卡其色、沙色。在所有子類型中，你會發現6型人在三種本能之中最具多樣性。無論室內或戶外，支撐著我們的地面通常是棕色，就像健全的6型人會為生活周遭的人們提供支持與穩定。棕色並非鮮豔明亮的顏色，而是適應力強，能夠配合所有環境。

✦ **7型人的顏色是黃色。** 「太陽明天就會升起」這句話大概就是7型人所寫的。這個與明亮、晴朗日子有關的顏色，最適合樂觀、熱心

的7型人。黃色既溫暖又明亮，正是屬於7型人的特質。7型人永遠保持樂觀，就像在暴風雨後出現的太陽。他們是堅定自信的人，擁有強烈的自我感，所以適合搭配原色。他們通常精力旺盛，所以鮮明的顏色可以代表典型的7型人特質。

✦ **8型人的顏色是紅色。**想一些大家對紅色的既定印象。它會激怒公牛。據說紅色的車子最常收到超速罰單。紅燈和停止標誌彷彿在對你大喊：「不行！」這一切就有如堅強果敢的8型人在生活中經常表現出的響亮度與強度。紅色是原色，代表8型人比大多數的類型更有自信。紅色可以聯想到熱情，8型人最喜歡對方也能表現出同樣強度的情感，而不是害怕得退縮。

✦ **9型人的顏色是灰色。**灰色是黑色與白色的結合。9型人的典型特質是可以在任何情況中理解雙方並發揮同理心。有些類型的自我感非常強烈，但9型人的自我感非常不明確，所以適合較為模糊、較不鮮明的顏色。9型人有時很難知道自己真正想要或需要什麼，因為他們會被其他人同化，下意識刪除了自己的位置。因此，他們可以是非常滿足、隨和的人，所以最適合灰色這種可以搭配一切的中性色。

　　我們很興奮你想探究這本書，深入了解九型人格。我們希望你能更了解自己和身邊的人。但不只如此，我們更希望你能接受九型人格的邀請：面對自己的陰影，從習慣的處世態度中成長。我們希望你列出並戒除壞習慣，以及改掉不適當的想法。

　　希望你讀這本書會跟我們寫這本書時一樣開心。謝謝你相信我們，願意花時間學習。歡迎踏上認識九型人格的旅程。

—— 喬許和莉茲

TYPE
ONE

1型人

改善者／改革者／完美主義者

　　九型人格中的1型人是世界的改善者與改革者。他們能夠集中精神、勤奮努力、講求精確、注重細節，並且具有強烈的個人道德感。他們能在任何情況下非常具體地知道什麼是對與錯，而他們會用盡氣力確保最後事情做得「對」。

　　1型人大膽又勇敢，過著有深刻信念的生活。他們願意支持對的事，也願意為之犧牲，而最棒的是，他們依直覺就知道什麼是對的。某些1型人是完美主義者，但全部的1型人都是原則性強、心思專一，並且帶有批判精神。他們背負著重擔，包括強烈的個人正直感、責任感，也專注於更高的目標。

　　1型人喜愛他人，對待他人時很敏感。他們對公平、客觀、道德的意識，根植於對他人的愛。他們想讓世界變得更好。他們對身旁的人有很深的責任感，而且會努力履行責任改善世界，至死方休。

　　雖然1型人很多時間都活在腦中的理想裡，但你可能會很意外他們的腦中並不一定安全。跟其他類型不同的是，1型人背負著所謂「內在批評者」的壓力。如果得知不是每個人腦中都有批評的聲音，1型人可能會很

震驚。這種內在的聲音嚴厲、無情、使人筋疲力盡，而且不停監控著1型人的所有想法、話語或行為。

在我們研究九型人格的過程中，還沒碰過沒有內在批評者的1型人，也沒碰過有內在批評者的其他類型。根據1型人的描述，內在批評者的特點包括無情、不懷好意、喧嘩、使人羞愧、謾罵、嚴厲，以及殘酷。我們請了一位1型人朋友希爾（Hil）描述她的內在批評者是什麼樣子，以下是她透過電子郵件的形容：

> 「我的內在批評者是男性。他不懷好意，非常惱火，極度憤怒，是把事情災難化的煽動者。他很少安靜下來。
>
> 他最愛用的工具是羞愧。他會說類似這樣的話：『看看妳做的，真是一團糟，妳根本一事無成。』情況不好的時候，他每隔幾秒就會用大聲公說那些話。情況好的時候，他只會出現在背景，就像是我覺得他很可憐，才把他放到角落去自言自語。大部分的時候，他的聲音會有點模糊，就像新聞畫面底下的股市跑馬燈。雖然他愛亂罵人，但我知道他是假的。
>
> 要是我說的、想的、做的、感覺的一切不會一直受到質疑，我一定可以做得更多，也更相信自己。」

對於正在看這本書而又不是1型人的讀者，我們希望這些話能夠讓你以同理心與同情對待腦中充滿著這類批評聲音的1型人朋友。對於身為1型人的你，或者因為希爾的那些話才第一次明白自己是1型人的你，我們希望你可以持續記下內在批評者何時對你說話，以及說了些什麼。內在批評者不只是你自己的良心。然而，你的內在批評者並非上帝之聲，你不一定要聽，甚至不一定要接受。在這一章中，我們想要提供你一些實際而具

體的作法，讓你的內在批評者安靜下來。

對於讀到這裡的1型人，請提醒自己，這一章並不是要批評你的心靈：這是想要引導你成長。1型人比其他所有類型都更能夠反映出世界的美德與公正，而我們生活的這個世界確實迫切需要看到美德與公正是什麼樣子。希望你從閱讀當中得到鼓勵。

1型人的世界

這種世界可能會變成一個有秩序、系統化的地方，並且講求公平正義。然而，如果全世界的人都充滿善意，並具有對是非好壞標準不一的內在批評者，那麼就會出現混亂。每個人都會有自己對是非的看法，這樣什麼事都做不了。由於大家都注重道德，所以有很大的可能會獲得和平，但也由於大家都是完美主義者，所以有很高的機率會產生壓力。

最糟的情況是世界會變得有如反烏托邦小說，由秩序剝奪了人類世界。最好的情況是世界變成一個有條理、有道德的烏托邦，充滿了勤奮努力、筋疲力盡、本意良善的完美主義者。

動機

　　1型人的動機跟對與錯有關。他們想要正直誠實，具有道德感。他們想要改正錯誤，避免責備與批評，甚至無可挑剔。他們想要做得「好」，所以不停地改善自己、他人，以及世界。他們可能會太害怕被譴責與批評，以至於過度工作、過度思考，努力讓自己不受指責。有些1型人甚至覺得自己有完美癖。

　　憤怒對於1型人是很大的激勵因素，但他們可能不會這麼容易承認。對某些1型人來說，光是承認自己內心有源源不絕的憤怒與怨恨，就等於承認他們沒有自己以為或認為的那麼好。這是因為1型人害怕變差、變壞或做錯事，會被視為不負責任或不能勝任。

陰影面

　　接下來我們要探討1型人的陰影面。1型人最怕的就是變糟、變壞、憤怒、做錯事、不能勝任、不負責任、受到指責。原因可能來自童年：1型人小時候會有一種要當「好」孩子的強烈衝突，或是感受到要做「好」的極度壓力。這種陰影面可能會展現在基於績效的思考中，例如1型人相信他們「值得」某件事物，或甚至「不值得」某件事物。他們也許很難跟想要得到某件事物卻沒努力過的人一起合作。這可能會導致他們扣留好處，因為那些人不「值得」。

　　某些沒把事情做好的1型人，可能會轉而將壓抑的憤怒朝向自己與他人，因此造成傷害。他們可能會怒火中燒，缺乏憐憫與同情，開始以有害的方式表達內在批評者所說的話。

1型人的完善與惡化

連接九型人格的線條描繪了每種類型往完善（成長、健全、健康）與惡化（壓力、不健全、混亂）方向的移動。這些移動可能在我們心煩意亂時立刻發生，或者也有可能持續一段時期。往7型人（對1型人而言是完善）或4型人（對1型人而言是惡化）移動，並不表示1型人會成為7型人或4型人，而是他們會展現出另一種類型最好或最差的特質。

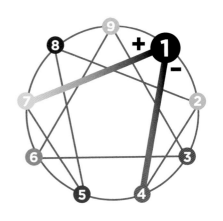

當1型人開始惡化，他們會往4型人不健全的特質靠攏。他們會將憤怒轉向內心，開始退縮、脫離，並且陷入極為負面的自我對話。他們可能會壓抑，甚至被診斷為憂鬱症，因為深刻的羞愧與罪惡感而掙扎。在外表上，他們可能會以批判、糾正、指責的語氣對你說話。他們會想要討拍，顯露出極度的驕傲與情緒波動。他們很容易生氣或暴躁，也許還會立刻就反常地暴怒。

1型人狀況好的時候（無論只有片刻或維持一段時期），性格就會往7型人的方向靠攏，變得更加完善。能夠讓內在批評者安靜下來的1型人，就會感到愉快、樂觀、自由，就像隨心所欲、無憂無慮的7型人。他們可以利用純真的自我，努力工作但不會想得太多，不以表現計分，以及接受他人原來的樣子。狀況好的1型人仍然可以堅定地往公正與美德的方向努力，而且不會有害怕被指責的負擔。完善的1型人看起來和感覺起來都容光煥發。他們不會被沉重的世界壓垮。他們體現了寬容。

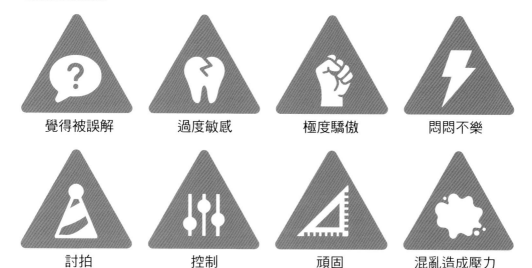

覺得被誤解	過度敏感	極度驕傲	悶悶不樂
討拍	控制	頑固	混亂造成壓力

1

深入探究1型人

九型人格辭典：有用的1型人語言

◆ **端點**（Telos，名詞）：一般的1型人經常以注重法規般的方式來分辨黑與白、對與錯、好與壞。健全的1型人可以專注於端點，也就是目的、意圖或目標，指事件或過程的最終結果。將事情做好的1型人，可以一邊往最終目標努力，一邊把不完美留在當下。這種以目的論為中心的作風，就是1型人帶給世界的禮物，因為1型人真的知道怎麼做最好，以及要做什麼才能讓手邊的情況改進、改革，甚至是變得完美。

子類型

- ✦ **社交（SO）1型人**：社交1型人是理智的類型，將自己的角色視為「導師」，要幫助他人看見1型人已經知道的事，也就是如何達到完美。他們擁有高標準與很強的自制力，而他們的生活就是正直誠實與行為操守的楷模。他們是系統型的思考者，專注於在較大的架構下做好事情，也能做為他人的榜樣，示範如何把事情做對。社交1型人的行為雖然看似5型人，但他們內心比較關注的是追求完美，而非保留精力。

- ✦ **自保（SP）1型人**：自保1型人是真正的完美主義者。他們經常擔憂，會預先考慮風險和問題，並且專注於讓他們所做的一切更加完美。強硬的內在批評者會說他們有嚴重缺陷，而且不意外的是他們對自己非常嚴格。他們比其他1型人頑固，更容易焦慮和擔憂，不過也更友善與熱情。他們可能想要做好萬全準備，並避免表現出憤怒。

- ✦ **性愛（SX）1型人**：性愛1型人是相反型，表示他們的特徵跟自保型與社交型比起來，較不像是1型人。性愛1型人很狂熱，是理想主義者。他們比較像改革者而非完美主義者，而且比其他1型人更容易表現出憤怒。對於事情「應該」如何，他們有自己理想的看法，也覺得自己有資格把世界改革成想要的樣子。他們比較不會注意改革自己的行為，而是更為關注能否做「對」的事。性愛1型人與8型人非常相像。

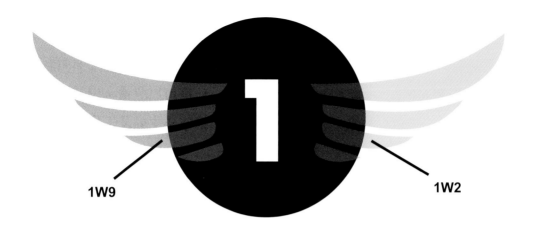

1W9　　　　　　　　　　　　　　1W2

　　具有9型人側翼性格的1型人（1w9）較為沉著、放鬆、理智、冷淡、客觀。身為兩種類型的結合，他們會比較內向與冷漠，原因可能是他們感到掙扎，不確定應該要做什麼，也不確定要怎麼做才能讓漣漪效應的影響最小。

　　具有2型人側翼性格的1型人（1w2）是在依賴姿態中很有趣的組合。他們比較會關心人，比較熱情，還有更樂於助人，也更敏感。然而，他們可能更偏向2型人會有的一些缺陷，更愛批評、暴躁、說話更直接、有控制欲，並且比1w9的性格更為行動導向。

三元組

　　身體三元組的三種類型（8型人、9型人、1型人）會透過身體，以直覺的方式接收信息，並且有極度想把事情做好的渴望。對1型人來說，這表示他們是由內在的強烈道德感所驅動。從外表看來，1型人可能會在情況不如意時出言批評，但內心卻是怒火中燒。這種憤怒沒有針對特定的人事物，而是生氣世界並非該有的樣子。

大多數1型人都會否認自己的憤怒，寧願把他們的感覺描述為不滿。1型人若未對自己的憤怒感到警覺，就會經常遷怒於他人，或者毫無幫助地亂發脾氣，成為憤怒的受害者。

然而，健全的1型人能夠帶給世界許多好處，其中一項就是他們能夠集中焦點並利用憤怒。能夠知道什麼是對的，什麼可以改進，以及如何讓世界變得更好，這真的是一種天賦。學會利用憤怒為生活及工作添加燃料的1型人，擁有驅力與動機，能夠做出大事。

姿態

1型人、2型人、6型人屬於依賴姿態，這表示他們會以他人為導向，而他們的身分認同則來自與他人的關係。1型人外在上很依賴與他人的關係，內在上則依賴與思想的關係。這三種依賴類型都認為，要滿足需求就必須爭取。他們對問題、威脅、障礙的反應，是遵守一組內化的規則、理想或行為準則。

1型人同時屬於依賴姿態及身體三元組，因此他們可能會試圖爭取自主與自理的權利，作法是讓自己變得無可指責，把一切做「好」。

1型人比其他類型更注重當下。這項天賦也為1型人提供了成長的道路。如果1型人愈能夠接受未知以及不一定總是要有答案，就愈有成長的機會。1型人可以重新學習忍受不確定的感覺，不一定總要說事情「應該」怎麼樣。挪出空間容納必然產生的模糊。

未出現的連結

以下是1型人「未出現的連結」：

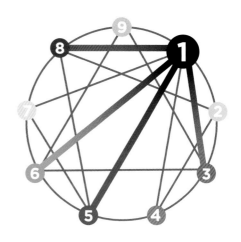

✦ **1型人與3型人**：1型人與3型人因為都有持續改進的驅力而結合。他們缺乏想像力，有條不紊，講究實際；有很強的職業道德；對差強人意的事情有種「神聖的不滿足感」（理所當然的不滿）。這兩種類型都會因為要在有深刻情感的時候壓抑情緒而掙扎。

✦ **1型人與5型人**：1型人與5型人是勤奮努力的類型，有很強的職業道德。他們值得信賴又可靠。這兩種類型都不會為了節省時間而貪圖省事。他們重視規則，做事也有界限。

✦ **1型人與6型人**：1型人與6型人很看重「正確」，也知道怎麼以適當的方式做事。規則和層級很重要。這兩種類型都有偏執與自我懷疑的難處，也都很忠誠、可靠、負責。

✦ **1型人與8型人**：1型人與8型人有非常強烈的正義感與道德感，並且會努力實現。事情不「對」時，這兩種類型都會變得非常火爆。這兩種類型都好爭辯，而且會被認為脾氣很差。他們透過身體感覺一切，討厭被操縱，能夠感受到非常深刻的憤怒。

如果你愛1型人

現在你可能已經辨認出生活中的某些1型人了，或者你是因為知道自己所愛的對象是1型人才會讀到這裡。如果你愛1型人，請記住幾件事：

✦ **他們需要幫忙才能停下來。** 1型人總是在忙。他們不是實際在往下個目標努力，就是在腦中處理剛讀過的書本內容。他們早上起來時會頭痛，是因為他們的大腦會在夜間工作過度。他們在你說話的時候會皺起眉頭，原因是內在批評者正在對他們大吼大叫。試著幫助他們停下來，給他們一些安心的空間放鬆，包括你對待他們的姿態以及你們所在的環境。帶他們到大自然（請參閱第43頁），讓他們發現自然世界的美妙。替他們分擔一些事，好讓他們覺得可以停下來了。不過請注意，在對方停下來之前，你可能得先傾聽他們在憂慮和擔心什麼。

✦ **把話說清楚。** 由於1型人非常在意對與錯，所以他們會給予非常明確的回應，也希望能得到明確的回應。他們傾向把一切錯誤視為是自己造成的，因此不喜歡聽到「做得好！」或「對不起！」這種空洞的話，只會相信內容明確的回應。

✦ **幫助他們做好期望管理。** 你要以實際、明確、具體、合理的方式提醒1型人，你並不期望他們很完美。他們對自己設的標準太高了。雖然你無法改變他們的標準，但必須讓他們知道你不要求他們完美。他們要知道犯錯沒關係，你還是會無條件地愛他們。告訴對

力，你是愛他們的人，不是要他們有多「好」。表現給他們看。然後再告訴他們一次。

✦ **要公平。**1型人會努力完成工作。如果你跟1型人一起住，一定要做好你分內的事，才不會把一切都留給1型人處理。

成功之道

認清套疊的謊言

我們並非活在與人隔絕的世界中。身為1型人，你必須知道並認清的重大謊言是：「你比其他人更破碎，而你可以透過努力工作來彌補」。這些謊言開始出現時，請用以下的事實代替：

✦ **謊言：犯錯不好。**

事實：不是一切都要由你扛起。錯誤通常可以解決，或者你可以道歉。犯錯並不會抵銷你做得好的事。

✦ **謊言：一切都必須照我的方式做。**

事實：雖然你往往都知道做事的好方法，可是要完成工作的方法不只一種。身為人類，代表我們過著群體生活，而你關愛他人的其中一種方式，就是為了他們讓步與妥協。

✦ **謊言：在我失敗的每個領域中，別人都必須付出代價。**

事實：你的失敗對他人造成的影響通常不如你想得多。你確實很重要，但不一定都是你以為的那麼重要。

✦ **謊言：完美是可能的。**

事實：你可以把追求完美換成追求「端點」。你在「過程中」仍然可以做得很好。

✦ **謊言：我不好。**

事實：無論你做什麼，都值得尊敬與關愛。

漣漪效應

你的所作所為會對他人造成真正的影響以及漣漪效應。

✦ 每當你將自己的高度期望投射在他人身上，而且是毫無預警，不在乎又不關心，這就是在冒險危害你跟他們的關係。完美不是目標，也無法以任何方式達到，因為每個人都有缺點。每當你挑剔他人，就是在削弱你跟對方的關係。要學習愛他們原來的樣子，而不是你想要他們成為的樣子。

✦ 每當你讓自己超出負荷，攬下不該由你負責的工作，你就會開始怨恨事情、怨恨別人，也怨恨你自己。要

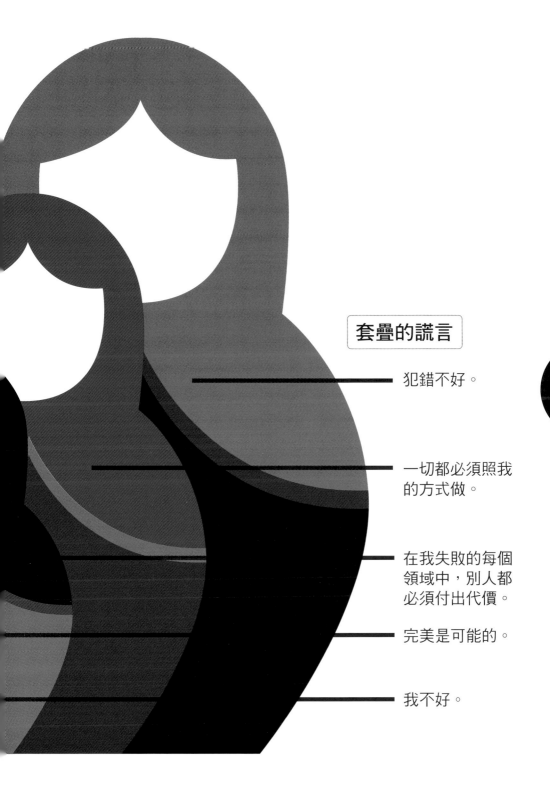

套疊的謊言

犯錯不好。

一切都必須照我的方式做。

在我失敗的每個領域中,別人都必須付出代價。

完美是可能的。

我不好。

為你的責任建立適當的界限。相信別人會做好他們的事，不必替他們做。

✦ 你不一定都要是對的。每當你比身邊的人更想要「對」，就是在小看他們而吹捧自己。要讓人們有思考與解決事情的空間。即使你是對的，也請擔任導師的角色，幫助人們找出自己的解答。在關係中要互相給予寬容。

1型人的自我照顧

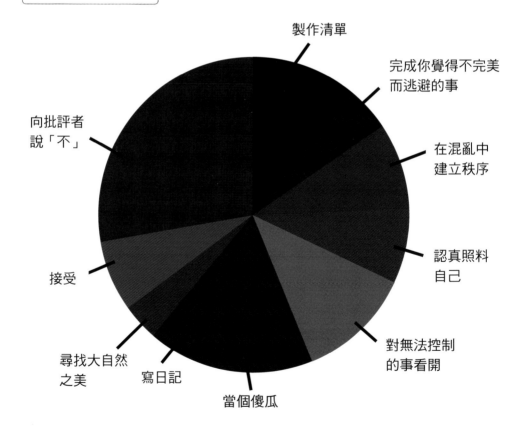

有益的作法

- ✦ **向批評者說不。**你對內在批評者並非毫無招架之力。我們的1型人朋友建議可以寫下內在批評者說了什麼，了解其觀點，並跟你的想法區別開來。也許你必須改變姿態或是大聲說「不」。

- ✦ **親近大自然。**1型人在大自然之中能夠放下「對」與「錯」，因為大自然會引導你將對與錯的觀點分解，讓你轉而欣賞截然不同的美麗與奇妙。在大自然中放慢腳步，讓自己與創造的世界重新連結。

- ✦ **寫日記。**寫下你內心的吶喊，然後不再去想。在紙上面對你的內在批評者，把內容讀給自己聽，向自己學習。

- ✦ **挑戰對與錯的定義。**挑戰自己，提出一些更深入、更追根究柢的問題。問自己，如果把你看到的所有錯誤都改正以後會如何。問自己，是否有不只一件事實同時存在。問自己，別人對事實的看法是否跟你的一樣有價值，並且願意妥協。

- ✦ **採用三S：**沉默（Silence）、獨處（Solitude）、平靜（Stillness）。這三部分的作法對1型人而言會比其他類型更有挑戰，但他們也比其他類型更需要這三S。沉思那些公認為可靠且真實的話語、經文、歌曲或其他概念，這能讓你的大腦在練習三S時不會無事可做。學習接受、放下，完全沉浸在獨處、沉默、平靜之中。

- ✦ **當個傻瓜。**無論你的年齡、職業、角色或責任是什麼，我們都同意你當個傻瓜（其實是鼓勵你！）。唱卡拉OK、跟朋友說笑、翻跟

自我審視

身體

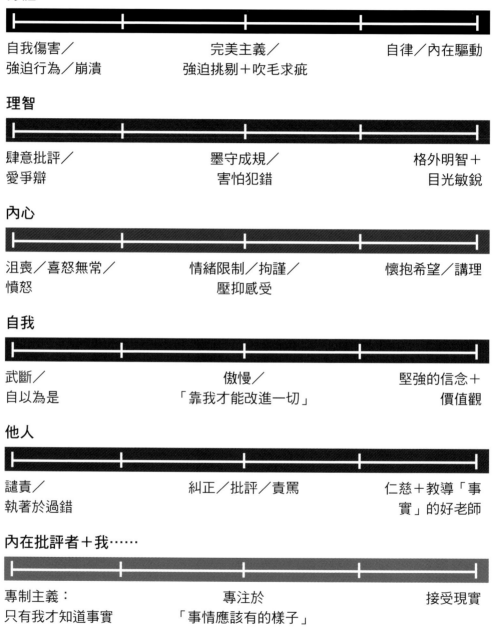

自我傷害／　　　　　　　　完美主義／　　　　　　　　自律／內在驅動
強迫行為／崩潰　　　　　強迫挑剔＋吹毛求疵

理智

肆意批評／　　　　　　　　墨守成規／　　　　　　　　格外明智＋
愛爭辯　　　　　　　　　　害怕犯錯　　　　　　　　　目光敏銳

內心

沮喪／喜怒無常／　　　　情緒限制／拘謹／　　　　懷抱希望／講理
憤怒　　　　　　　　　　　壓抑感受

自我

武斷／　　　　　　　　　　傲慢／　　　　　　　　　　堅強的信念＋
自以為是　　　　　　　「靠我才能改進一切」　　　　價值觀

他人

譴責／　　　　　　　　　　糾正／批評／責罵　　　　仁慈＋教導「事
執著於過錯　　　　　　　　　　　　　　　　　　　　實」的好老師

內在批評者＋我……

專制主義：　　　　　　　　專注於　　　　　　　　　　接受現實
只有我才知道事實　　「事情應該有的樣子」

斗下斜坡、參加極限飛盤聯盟、不工作、玩樂，以及當個傻瓜。做一點蠢事，讓自己栽進與7型人靠攏的完善空間。

> 「這種以目的論為中心的作風，就是1型人帶給世界的禮物，因為1型人真的知道怎麼做最好，以及要做什麼才能讓手邊的情況改進、改革，甚至是變得完美。」

醒悟

在人生中的某個時刻，1型人必須領悟到他們對完美的標準不切實際，也無法實現，而他們還是能得到愛。1型人的醒悟就跟其他類型一樣，可能來得很輕鬆或很痛苦。也許是你對自己、他人和世界的怨恨累積到了極限；也許是多年以來你因為理想變得既頑固又強硬；也許是你無意中逐漸地推開所有人，因為他們無法符合你的期望。或者，你可以選擇比較困難的方式：接受你心裡與生活周遭的混亂，對追求完美的過程感到滿足，並且學會識別內在批評者。

這種改變很困難也很徹底，所以才會是你的醒悟。1型人必須聽到、看見、感受並相信：自己得到愛是因為本來的樣子，而不是因為自己有多「好」。犯錯沒有關係，每個人都會犯錯。沒有人會認為你應該像你期望的那麼完美。1型人的優點是你擁有的善意比自己以為的更多，這會使你與身邊的人更加輕鬆。你愈能夠在小地方展現善意，就愈能夠擺脫阻擋你成長並與他人連結的傾向。

TYPE

TWO

2型人

助人者／給予者／扶助者

九型人格中的2型人稱為助人者、給予者或扶助者。他們體貼、親切、和善、友好、機智，是服務導向的人。2型人有一種非常敏銳的能力，可以預先考慮到身邊所有人的需求，而且比大多數人更有能力去滿足那些需求。他們喜愛成為他人生活的一部分、結交好友，不僅是很棒的傾聽者，通常也會對生活周遭的人們非常敏感。2型人是很棒的同伴、助理、副手，因為他們會致力於幫助他人實現需求。

　　雖然2型人可以成為大方無私的人，但在他人看不見的表面下隱藏著許多期望和不可告人的動機。2型人在表面下經常缺少自我覺察（self-awareness）。

2型人的世界

　　世界會變得更加和平、寬容，更有同理心，並且充滿了複雜的矛盾。世上的孤獨會變得更少，因為每個人都會被看見並得到愛。所有的需求都

會得到滿足。換個角度來說，由於每個人都沒有界限，所以將會產生混亂。大家會擔心其他人過得好不好，以至於所有人都在競爭誰給彼此的愛比較多，完全不會照顧好自己。通常這樣的結果是什麼都無法實現，因為每個人都會陷在「想要幫忙，又想要實現領導需求」的渴望之中而動彈不得。世上會充滿從未真正得到傾聽卻筋疲力盡的傾聽者，以及受到照顧卻又同時覺得被徹底忽視的人。

動機

　　2型人在任何情況中都有想要幫忙或被需要的強烈衝動，尤其是對於他們所愛的人。如果你需要有人跑腿或傾聽，2型人會認為這是他們責無旁貸的義務。

　　這種強烈衝動在小地方的展現因人而異，但在生活中出現較大的需求時就會更為明顯。2型人會努力成為值得信賴的朋友，可以隨時為了你而放下一切；他們會是可靠的員工，能夠跟你討論想法，在緊要關頭發揮作用；他們會是親密的同伴，在你開口之前就知道也預先考慮到你的需求。許多2型人都很精通如何讓自己成為所有重要關係中不可或缺的角色。

陰影面

　　2型人的強烈衝動就跟其他類型一樣，來自更深處的需求。他們滿足於被需要，而不是相信自己本來就能得到愛與讚美。2型人選擇的道路是讓自己在任何情況中成為必要，覺得這樣才能得到愛並相信自己有價值。有些人認為這種動機來自早期在童年受到的創傷，當時的他們感到被忽略或是被迫擔任照顧者。也有人認為這是2型人對周遭世界擺出的態度。總

之，這種性格對2型人而言根深柢固，導致他們完全未意識到自己行為背後的內在動機。

「驕傲」是2型人陰影面的根源。許多人第一次得知2型人的行為是由驕傲主導時，都會感到訝異，因為從表面上看，2型人總是聚焦在他人身上，忽視自己的需求，而且會無條件地慷慨付出。然而，只要你稍微深入探究，就會發現2型人的付出絕非毫無條件。2型人的他人導向行為幾乎總會附帶目的，就算只是獲得簡單的認可、讓形象更討人喜歡，或是得到謝意。

雖然2型人經常未意識到自己對他人有這些期望，不過他們仍然會強迫性地幫助、給予、服務，希望能夠藉此獲益。他們想要被看見並受到感激，想要得到跟自己所能付出的一樣多，期望別人能直接知道他們沒表達出來的渴望與需求，而且想要被認為是最值得信賴、最忠實、最能夠自我犧牲的那個人。

如果你很難相信2型人的動機是驕傲，請注意過去是否有某個人經常在需要的時候找2型人提供建議、協助或實際幫助，結果後來卻看見那個人去找其他人幫忙類似的事。處於「自動化」模式的2型人，比較在乎的可能是成為滿足親友需求的那個人，而非是否能夠真正滿足親友的需求。

2型人的完善與惡化

2型人有壓力的時候（無論只有片刻或是持續了一段時期），性格就會往8型人的特質靠攏。他們會變得沒那麼樂於助人，更直接也更有控制欲，少了禮貌又更暴躁，而且比較沒有耐心，更容易與人斷絕連結。原本「支持他人」的性格，會變成傾向於跟他人牴觸。他們狀況不好時，可以毫不客氣地把所有人推開，還覺得這麼做很正確。他們很可能會擔任帶頭

的角色，而不是從旁輔助。

值得注意的是，2型人在壓力下往8型人靠攏，不一定都會造成負面經驗，因為不是所有壓力都會導致災難。舉例來說，如果有一位2型人參與的專案或活動時間緊迫，他們就能夠放下想讓自己平易近人的需求，以指揮的角色堅定自信地帶領大家。2型人跟其他類型一樣，在有壓力

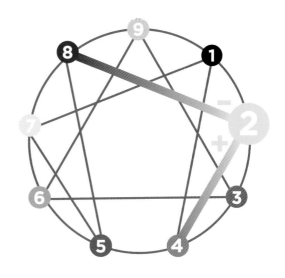

的情況或時期，都必須選擇要做出幫助他人或自私自利的反應。

健全的2型人會往4型人的特質靠攏。當2型人將始終聚焦於外部的所有精力轉向內在，實際關注自己，這就是他們成長的象徵。完善的2型

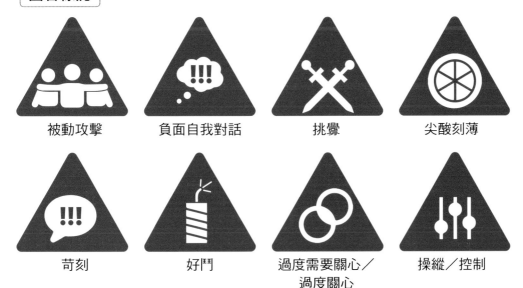

警告標誌

被動攻擊　　　　負面自我對話　　　　挑釁　　　　尖酸刻薄

苛刻　　　　好鬥　　　　過度需要關心／過度關心　　　　操縱／控制

人能夠確定自己的情感、需求與渴望，也能夠確切地表達出來，即使會令他們感到負面或不安也無妨。他們不怕展現自己的瑕疵。健全的2型人會接受自己的脆弱，願意冒著被當成「過度需要關心」的風險。他們能夠面對自己與感受，確切了解自己的所作所為。當2型人有這樣的自覺，就可以在給予、關愛、效力他人的同時，確定自己是怎樣的人，而不是將此當成認可自己的手段。如此一來，2型人才能真正無條件地慷慨付出，關愛他人。

對許多2型人而言，要成長就必須關注自己的渴望和需求，這句話聽起來可能會有點刺耳。2型人可能會覺得這麼做很自私。然而，2型人必須知道：「你」會影響所有的人際關係，所以了解自己與照顧自己，對於你認識和關愛的每個人才是最好的。

深入探究2型人

九型人格辭典：有用的2型人語言

　✦ **社交溫度**（Social Temperature，名詞）：2型人會不斷評估「社交溫度」與風向，因為他們的身分認同就是以別人看待及對待他們的方式為基礎。

　✦ **殉道者**（Martyr，名詞）：2型人幾乎比任何人都能夠了解並預料他人的需求、感受與渴望，所以他們可以把身邊的人照顧得非常好。然而，2型人可能會期望別人也以相同的方式對待自己，卻沒把這種期望表達出來，所以他們常視自己為「殉道者」，形容自己會為了「根本沒注意或不在乎」的人付出一切。

✦ **救世主情結**（Savior Complex，名詞）：沒有人會像2型人這樣，收到求救訊息還感到興奮。2型人擅長成為某人生命中不可或缺的角色，很容易掉進「人們需要他們才能生存」的陷阱之中。2型人會竭盡全力成為自認為別人需要的救世主，也希望別人把他們當成救世主。

子類型

✦ **自保（SP）2型人**：自保2型人比其他子類型更傾向於在幕後發揮作用。他們會注意實用的小細節，透過觀察來為他人效勞。自保2型人會設法讓你有充足的休息、充足的飲食，以及受到充足的照料，顧及你連自己也沒注意到的細節。他們非常重視要跟所愛之人親近。自保2型人是相反型，因此通常比較沒有社交自信、不愛表達，也比其他2型人更容易退縮。由於自保本能的焦點在於保留精力和有形資源，所以自保2型人也可能比其他2型人更會自我放縱。

✦ **性愛（SX）2型人**：所有的性愛型都會透過建立穩固、親密的關係找到安全感。性愛2型人的作法是努力變得迷人、大方，體貼他們覺得有魅力的人。他們會做出大動作，馬上就想深入了解對方及其需求，通常也會在交際時付出許多關注以贏得人心。性愛2型人熱情洋溢、堅持不懈，而且適應力強。雖然所有2型人都會為界限的概念感到掙扎，但性愛2型人特別無法接受對方說不，也難以相信他們表現關心的方式會讓他人承受不了。

✦ **社交（SO）2型人**：社交2型人比其他子類型更容易受到領導層級或權勢人物的吸引。他們精通於在周圍編織錯綜複雜的社交網路，

雖然自己不一定都是主角，但他們總是知道如何接近焦點，並且參與一切對他們重要的事。社交2型人非常重視能否擁有廣泛多樣的人脈。他們無論到哪裡都想要有人支持，而且會察覺他人的需求與渴望，藉此加深連結。由於他們害怕自己其實不夠討人喜歡，所以在建立這種廣大人脈時，經常會有過度補償的情況發生。

側翼

2W1　　　　　　　　　　2W3

具有1型人側翼性格的2型人（2w1）結合了兩種依賴類型，因此他們不太可能比2w3類型更引人注目。他們盡忠職守、注重規則，而且很客觀，比2w3類型更想居於幕後。2型人自視為殉道者的傾向，再加上1型人的道德標準，會使得2w1類型更有可能怨恨或批評。

具有3型人側翼的2型人（2w3），結合了兩種內心三元組的類型，所以比較會注意形象並意識到社會規則。他們有社交自信，有能力，散發魅力，而且看起來很有把握。他們比2w1類型更愛競爭，也比較難以接受批評。

三元組

2型人、3型人、4型人屬於內心三元組，表示他們是從情緒中心接收信息。2型人遭遇到任何事情時，都會先有情緒反應，無論他們是否意識到都一樣。這種傾向不表示2型人無法批判思考或果決行動，只是這並非2型人的第一反應。

內心三元組是三個三元組中最注重形象的。2型人的表現方式就是持續注意他們如何滿足大家的需求，無論別人喜歡與否，他們都會投入大量情緒，也會在他們得不到想要的認同時感到沮喪。

羞愧也是內心三元組中三種類型的激勵因素，而2型人因為害怕覺得自己沒有價值，所以會過度補償，不計一切要讓自己發揮作用。這些類型也都會在與他人的關係中感受到自己，無論是好是壞。

姿態

2型人與1型人和6型人一樣，屬於依賴姿態。這三種類型都是他人導向，也都會依賴他人。他們全都是從外在找到身分認同。依賴姿態類型的感受與行動，主要出於本能，而非富有成效的思考；因此他們被稱為「思維壓抑者」。

由於他們屬於他人導向，所以很難獨立思考，不能缺少身邊每一個人的意見。對於2型人來說，依賴姿態就像是從自己在其他人生命中所扮演的角色裡畫出自己的全貌。他們可能很難有強烈的自我感，原因在於他們總是在填埔人際關係的漏洞，而非試圖找到自主權。

未出現的連結

以下是2型人「未出現的連結」：

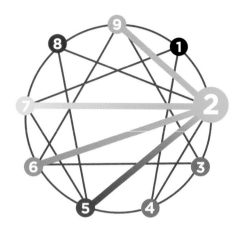

◆ **2型人與5型人**：這兩種類型
的共通點不多。2型人是有強
烈衝動的給予者，5型人則是
有強烈衝動的接受者。然而，
這兩種類型在真正脆弱的時候
都很難開口求助，也都想要依
賴他人。

◆ **2型人與6型人**：2型人與6型人表現出來的樣子很類似。他們深愛
身邊的人，為了對方什麼都願意做。他們是可以說話的對象，而且
永遠都在。他們想要身邊有人，也都喜歡建立穩固的關係。這兩種
類型都會照顧並支持他人。

◆ **2型人與7型人**：這兩種類型對世界的態度都非常開放。他們的表
現都像孩子。7型人會像孩子一樣愉悅輕快，2型人在關係中則會
像孩子般依賴。這兩種類型都有錯失恐懼（fear of missing out），
都善於讓自己有豐富的社會經驗。

◆ **2型人與9型人**：這兩種都是無私的類型。9型人是因為想要維持
和平（以及不被干預）而忘了自己，2型人則會隱藏在性格較強勢
的他人後方，藉此找出自己以及關係的價值。這兩種類型都有同理
心、慷慨大方、肯為他人效勞，而且都會很難拒絕他人。

如果你愛2型人

也許你生命中至少有一位你已經愛了一段時間並對你相當重要的2型人，但如果你是第一次接觸九型人格，從表面下浮現的一切說不定會令你大吃一驚。九型人格最棒的一點是讓我們知道如何以更好的方式去愛人。請謹記以下四種照料身邊2型人的最佳方法。

✦ **清楚表明將他們擺在第一位。** 2型人非常擅長將他人擺在第一位，讓對方感受到愛、照顧，覺得自己很重要。他們經常潛意識地認為沒人能像他們關心別人一樣關心自己。雖然2型人對於不是由自己贏得的慷慨對待，通常難以接受，但你還是必須向他們展現這種慷慨。找他們出門、做他們喜歡的事、專程去看他們、跟對方聊你知道他們在意的事，或者在對方生日時替他們辦個派對。這樣能讓2型人想到其他人也可以透過這種方式去愛，而他們可以欣然接受。

✦ **在感謝或讚美他們時具體表達。** 許多2型人都會覺得被忽視，也會害怕人們並未注意或感激他們所做的一切。只說「謝謝！」或「做得好！」是不錯，但無法讓2型人覺得你看見或感謝他們的付出。2型人想要有被看見的感覺，所以你可以在給他們正面回應的時候清楚表明。

✦ **「這並不是關於你。」** 要記住2型人的核心缺陷是驕傲，要是某個朋友去找別人幫忙或提供建議、獨自處理問題或困難情況，或者沒讓2型人參與過程，他們可能會表現出這是在針對自己的反應。要以充滿愛的方式提醒2型人，他們所愛之人生命中的所有決定或情

況，不一定都得先經過他們這一關。但要2型人聽進這樣的話會有點難度。請滿懷著愛到他們身邊，提醒他們這項事實，就能夠發揮很大的效用，幫助2型人對抗這種不健全的強烈衝動。

✦ **幫助他們記得自己的極限。**2型人喜歡過著彷彿沒有極限的生活。他們經常覺得自己可以在每一項工作幫上忙、答應別人要求的一切、在生活中騰出空間給每一個人、必須做每一件事。要2型人接受自己的能力限制，確實很有挑戰性。2型人需要幫助才能明白自身極限。雖然他們沒要求，卻需要你提供實質的協助。他們可能需要你先清空他們所有的工作。他們可能需要不斷大聲提醒才能放慢腳步。如果他們能夠好好地了解自身能力範圍，也知道自己很可能需要幫助才能完成，這對他們和你都會有很大的好處。

雖然2型人需要你把他們擺在首位，並且對他們慷慨大方，但你也必須挑戰他們，而且注意到他們不會注意的事。

成功之道

認清套疊的謊言

如果我們回想很久以前相信的那些謊言，就會發現所有謊言都能以事實反駁，這會幫助我們跳脫這一生不斷為自己設下的侷限。我們需要有人一再告訴我們這些事實。

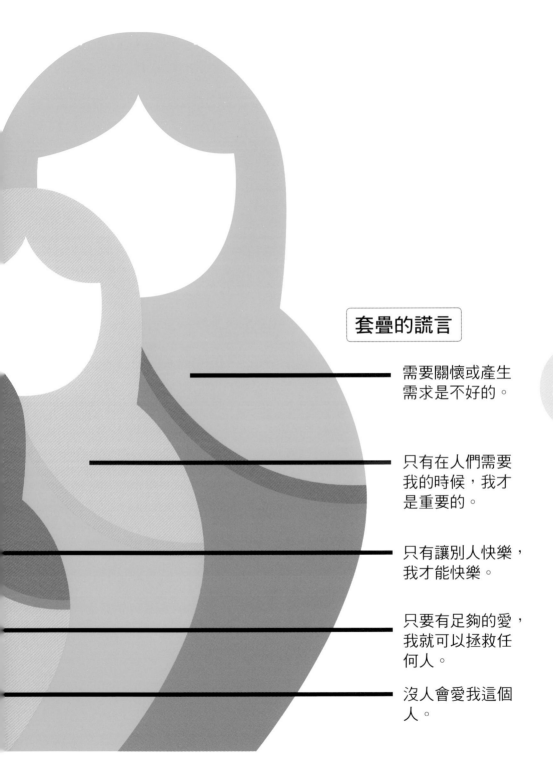

套疊的謊言

需要關懷或產生
需求是不好的。

只有在人們需要
我的時候，我才
是重要的。

只有讓別人快樂，
我才能快樂。

只要有足夠的愛，
我就可以拯救任
何人。

沒人會愛我這個
人。

✦ **謊言：需要關懷或產生需求是不好的。**

　　事實：事實上，你會有需求，這再好不過了。這表示你是正常人，就跟其他人一樣。有需求就會有接受他人關愛與慷慨的機會，這是很棒的事。

✦ **謊言：只有在人們需要我的時候，我才是重要的。**

　　事實：無論如何你都很重要。沒有任何事能改變這一點。

✦ **謊言：只有讓別人快樂，我才能快樂。**

　　事實：由別人讓你快樂再好不過了。

✦ **謊言：只要有足夠的愛，我就可以拯救任何人。**

　　事實：你並非注定要拯救大家的人，而且你也沒辦法拯救他們，這沒有關係。你還是可以熱烈地愛他們。

✦ **謊言：沒人會愛我這個人。**

　　事實：大家就是愛你原本的樣子，不需要任何條件。

漣漪效應

你的行為與傾向不只會影響自己，還會影響到許多人，如果你能注意這種影響，對大家都會更好。

✦ 當你提議幫忙跟你無關的事或介入不需要你的情況，要知道這可能會讓對方感到透不過氣、難以承受、不受尊重、沮喪洩氣、無人傾聽。即使你並不是要圖謀私利，你的行為還是會產生影響，並且傳達出你不信任對方的決策能力，以及你相信只有自己才能解決問題。這種情況對你或他們都不好。

✦ 記住你並非沒有極限。當你認為自己可以付出、付出，再付出，卻沒考量到自己的需求或能力，你為每個人付出的品質就會降低，而他們往往都能感覺得到。你身邊的人們值得更好的，不要讓他們面對超出負荷的你。如果你不接受自己的極限，對所有人而言都是損失。

✦ 如果你不關心自己的渴望或感受，最後就會壓抑過度，變成前文提到的如殉道者般的憤怒，而這對於你在乎的人並不公平。身為2型人，你可能經常在潛意識中對身邊的人有非常高的期望，不過既然是潛意識，就表示這些期望並未表達出來。從別人的角度來看，你一直樂於給予、關愛和服務他人，結果後來你的理智斷線了，才透露出你先前未表明的期望沒得到滿足。忽視自身的情緒需求與渴望，是會有不良後果的。

有益的作法

- ✦ **友好**。你到哪裡都有機會對人友好，不一定要在家裡招待客人時才行。2型人天生就會致力於服務他人並關注他人的需求，所以對2型人來說，在家中、鄰里、工作場所、社群繼續練習接納他人，也是很自然的。這麼做的重點是要在友好時保持謙遜的姿態，真心為他人好，不帶任何期望。

- ✦ **獨處**。2型人的所作所為都是非常他人導向的，因此在少了別人的情況下，他們很難找到自己的身分或目的。獨處能引領你活在當下，不必為任何人做任何事。

- ✦ **寫日記**。2型人會很自然地跟自己內心深處的思考與情感切斷連結，必須非常刻意努力才能接觸到那些部分。寫日記可以幫助2型人具體表達出想法、恐懼、歡樂、挫折、希望和渴望。寫日記能夠提供一個空間，讓你列舉、陳述、面對內心經歷的一切，而不是從他人身上尋找認同來填補這樣的空缺。

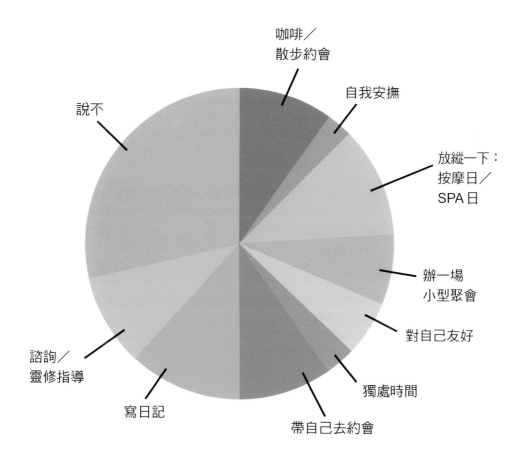

咖啡／
散步約會

自我安撫

放縱一下：
按摩日／
SPA日

辦一場
小型聚會

對自己友好

獨處時間

帶自己去約會

寫日記

諮詢／
靈修指導

說不

自我審視

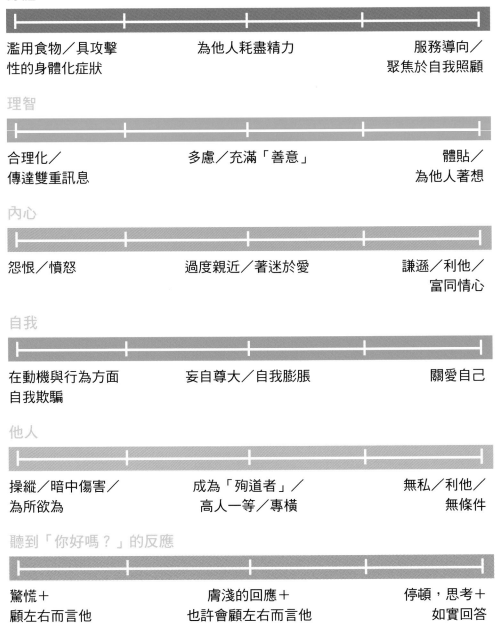

身體

濫用食物／具攻擊
性的身體化症狀

為他人耗盡精力

服務導向／
聚焦於自我照顧

理智

合理化／
傳達雙重訊息

多慮／充滿「善意」

體貼／
為他人著想

內心

怨恨／憤怒

過度親近／著迷於愛

謙遜／利他／
富同情心

自我

在動機與行為方面
自我欺騙

妄自尊大／自我膨脹

關愛自己

他人

操縱／暗中傷害／
為所欲為

成為「殉道者」／
高人一等／專橫

無私／利他／
無條件

聽到「你好嗎？」的反應

驚慌＋
顧左右而言他

膚淺的回應＋
也許會顧左右而言他

停頓，思考＋
如實回答

醒悟

雖然每個2型人的醒悟看似不同，但重點是你不能再像以前那樣永無止境地提供服務、給予、關心或騰出時間。這種醒悟可能像是被孤立，你會被大家排除，無法從別人身上找到目的或身分認同。這可能會像是完全任人擺布，就看對方是否展現慷慨，而你無法套關係或爭取到任何事。或許是其他方式讓你必須開始認清自己是誰，再也無法依靠以前用過的任何方法來定義自己。如果你能夠接受，這些醒悟就會讓你變得比之前更健全、更有自覺，也更完善。

2型人跟其他類型一樣，不一定必須透過醒悟才能學到教訓。我們都要選擇以簡單或是以漫長有挑戰性的方式前進。幸好，你每天都有機會可以走上較為平順的道路。這並不是說平順的道路就沒有困難，因為你必須付出精力才能放慢腳步，或是不再永無止境地給予。你必須關注自己的內心深處。你必須努力並謙遜地面對自己的驕傲或操弄意圖。要違背習慣的作法一定很有挑戰性，可是這條道路能夠讓你找到自由。

TYPE
THREE

3型人

成就者／表現者／激勵者

　　九型人格中的3型人是成就者。他們勤奮努力、果敢自信、以任務為導向、志向遠大、散發魅力、足智多謀、適應力強、富有才幹。3型人每到一個環境，很自然地就能夠找出他們必須讓誰留下深刻印象，而且也非常清楚該怎麼做。這種超能力使他們可以在工作、交往、組織當中扮演好各種角色。

　　一般而言，3型人會比大多數的人更容易有成就。他們是很棒的教練與激勵者，因為他們不僅清楚自己的成功之路，也知道他人如何才能夠達成目標。3型人在使用清單以及結果可預見的情況中，都能一展長才。

　　雖然大部分的3型人都被視為堅強、能幹、有自信，但那通常是防衛機制投射出來的形象，想要避免別人對他們的價值、實力與能力，產生疑惑和憂慮。他們可以毫不費力地切換所有偽裝，迎合各種情況。這種能力當然偶爾會派上用場，但3型人這麼做通常是因為不敢以真面目示人，或是因為他們在被你卸下所有偽裝後，會連自己都不知道自己是誰。

看著我！看著我！看著我！看著我！看著我！看著我！看著我！看著我！看著我！看著我！看著我！看著我！看著我！看著我！

3型人的世界

世界會變得有條理、有效率、豐富多產。人們將變得果決直接，而情緒並不會影響決策。所有事情都以簡單明確的方式完成。不過，如果有這麼多人成功，成功就會失去意義。混亂會隨之而生，因為每個人都會過度努力地想讓自己被看見，也就沒有人在乎勤奮的價值了。人們會注重生產力，更甚於情緒健康、重視彼此，也更甚於為大局著想。世界會對虛假的外表感到厭煩，而脆弱將會變成熱門商品。

動機

3型人具有想要成功並發揮生產力的強烈衝動。任何情況都可以轉變為3型人知道如何獲勝的任務。他們很清楚在學校、工作場所、社群中要成功而必須知道的一切不成文規定。他們能發現社會互動時最微小的細節，在潛意識記下他人所做出的有效及無效的反應。

3型人會留意最有影響力的人，以及這些人有什麼正面及負面反應。他們會注意到哪個團體看起來最有活力，以及什麼能夠激發他們的活力。3型人對這種社會動態的洞察異常敏銳，因此可以隨心所欲選擇自己要在特定空間或對話中展現出來的樣貌。

這種能力也會幫助許多3型人發揮高度生產力，並且實現他們想要的任何成果。如果他們無法達到前述的成果，至少也會表現出獲得成果的樣子。

陰影面

在尋求愛與歸屬時，「受人崇敬」是3型人可以接受的結果。他們會誤以為有受人欽佩、堅強、才華洋溢、成功等特質，就值得被愛。獲得他人的尊敬與欽佩，是3型人的生存策略，如果不加以抑制，這就有可能成為他們的唯一目標。

3型人根本不會意識到他們花了很多精力讓自己顯得風趣、聰明、有才華、機智、有魅力，或是視任何情況需要表現出各種樣貌。3型人會用別人的渴望與期望，偽裝自己的身分，以至於他們連自己是誰都不知道。

3型人會掉進幾種陷阱，陷入不健全又累人的循環與強烈衝動。例如，他們會認為有缺點是不好的；他們必須隨時處於「開機」狀態；大家會愛他們，只是因為他們做的事而非他們本身；他們生命中只有一個目的，就是完成工作、實現目標、提升社會地位；在他們一切的偽裝底下沒有任何人；他們天生就沒有價值。

在生命的早期階段，3型人發現了如果他們做好「應該」做的事，大家就會給予讚美。這種行為通常會獲得正增強，或者被當成遇到某些困境時的應對方式。由於以表現為基礎的社會系統實在太多了，所以3型人很

容易就會相信自己唯一的價值來自行為、成就或貢獻。一輩子習慣了這種行為的 3 型人，可能會完全受到束縛，只懂得追逐成功、賞識、成就，以及實現別人已表明與未言明的期望。

與這些陷阱密切相關的是 3 型人的核心缺陷：**欺騙**。這項缺陷不一定暗示著所有 3 型人都說謊成性，而是其生存策略中有個核心部分或多或少會改變他們的言行，儘管那麼做不一定代表真正的他們。這種傾向可能會惡化到徹底失控，導致 3 型人在每個人面前過著截然不同的生活，永遠都不敢說出事實，或者變得沉溺於物質主義。

這種缺陷經常是以規模更小、更細微的方式顯現出來。3 型人會自然地（有時是潛意識地）重新構築現實，讓自己呈現出更討人喜歡的樣貌，抹除瑕疵，並且修改比較醜陋的部分以隱藏事實。他們這麼做通常不具惡意，因為他們可能會下意識欺騙自己，使自己不相信生活中較不美好的部分。3 型人可以非常頻繁地改變內在與外在的想法和說法，就看當下怎麼做對他們最好。這種欺騙有一大部分源自於害怕在自己表現出任何缺陷或污點後就會被拒絕。

3 型人的完善與惡化

3 型人處於壓力或惡化時，會出現一些 9 型人的特質。他們平常果決行動的能力會變得遲鈍，而且陷入懶散懈怠的模式。這種變化可以在某個時刻被觸發，也可能是經歷生活中一段時期的壓力與動盪後的反應。他們可能變得內向寡言、如自動化般行事、漫不經心、失去平常的動

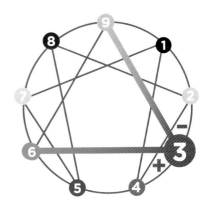

力，對於揭露可能破壞現況的事情時，會變得非常猶豫。

當3型人情況不好時，他們看到的會是一連串阻礙與挑戰，還會因此感到難以承受，而非受到激勵。3型人可以運用一些類似9型人的傾向，在壓力情況下做出一些對他人有益的反應。

健全的3型人會往6型人的正面特質靠攏。他們會將實現目標與討好人心的能力，用於改善團隊或社群。他們會慷慨大方、樂於合作、認真照顧他人的感受與幸福、表現出脆弱的一面，並且致力於發現與說出事實，不會視情況方便而改變說法。他們會勇敢承認自己害怕被拒絕、被當成沒有價值，另外也會追求真實。

健全的3型人明白，他們的成功與幸福取決於身邊人們的成功與幸福，所以他們會利用討人喜愛、實現成就、高效幹練的超能力，去追求更大的目標，而不是個人議題或五年計畫。他們能夠成為凝聚團隊與社群的力量。

 警告標誌

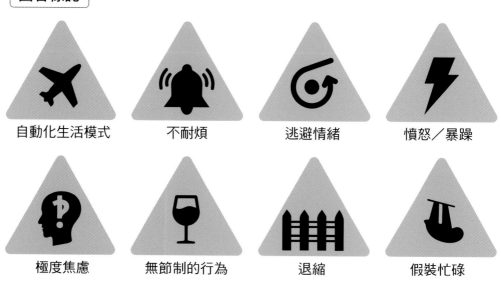

自動化生活模式　　不耐煩　　逃避情緒　　憤怒／暴躁

極度焦慮　　無節制的行為　　退縮　　假裝忙碌

深入探究3型人

九型人格辭典：有用的3型人語言

✦ **品牌化**（Branding，動詞）：3型人是最重視形象的類型，隨時都會注意他們向外界表現出來的形象或「品牌」。3型人是最多樣化的類型，因為他們的品牌可以有許多形式。他們的品牌通常取決於人們在特定環境中視為成功或優秀的因素，而他們的行為無論如何都會與其品牌一致。

✦ **冒牌者症候群**（Imposter Syndrome，名詞）：一種持續而內化、害怕自己被揭發為騙子的恐懼。3型人會有一種深沉但毫無根據的焦慮，擔心在他們的角色與偽裝背後可能完全沒有真正的自我，而他們在探索內心時就必須克服這種焦慮。

✦ **權力雷達**（Power Radar，名詞）：3型人有一種超能力，可以在進入任何環境時識別出最有影響力的個人或團體。接著他們會知道必須做什麼以贏得那些人的心。雖然這種衝動能夠在許多情況中幫助3型人，但如果不加以抑制，他們可能就會受其控制。

子類型

✦ **自保（SP）3型人**：自保3型人比另外兩種子類型更想避免成為焦點，偏好在幕後發揮作用。他們有條理、有效率，非常重視實際。他們知道把事情做好的重要性，希望自己的所有努力與貢獻能夠得到認可。自保3型人也許會表現出不想獲得身為主角該有的讚美與

崇敬，但他們肯定想得到付出之後的功勞，經常會刻意巧妙地提起自己的貢獻。自保 3 型人是相反型；他們不會像另外兩種子類型明顯強調自己的存在，通常會選擇以較含蓄、策畫過的方式，獲得他人認同。由於自保 3 型人是依靠完成任務與發揮生產力來獲取他人的認同，所以一不小心就有可能成為工作狂。

◆ **性愛（SX）3 型人**：性愛 3 型人常利用自己迷人的傾向，一次聚焦在一個人身上，表現出對方認為有吸引力的樣貌。性愛 3 型人就像大多數的性愛類型，既熱情又爭強好勝，能夠輕易讓在場所有人感受到他們的性格。人際關係通常是 3 型人用來尋求自身認同與成功的手段。性愛 3 型人比其他 3 型人更會想辦法與成功或有影響力的人建立關係，原因是他們認為親近之人得到了成功與崇敬，就代表他們得到成功與崇敬。他們也可以將這種取向運用在人際關係上，對身旁的人展現支持與忠誠。

◆ **社交（SO）3 型人**：社交 3 型人比另外兩種子類型更想要成為關注的焦點。「將人們聚集在身邊，就可以幫助自己達成目標，而且看起來很成功」，這對社交 3 型人來說是非常自然的想法。他們也極有能力迷住一整群人，激勵大家朝著共同目標或目的前進。不過，社交 3 型人總是開著雷達，隨時偵測是否有針對他們的負面反應。他們想讓每個人知道他們的能力與成就，也會深深受到權勢吸引，無論是好是壞皆然。

3W2   3W4

　　具有2型人側翼的3型人（3w2）比3w4類型更為關係導向。他們親切熱情、鼓舞人心，而且討人喜歡。他們享受成為注目的焦點，有可能會操弄他人。3w2類型比較會將精力投入於親近之人的生活中，有可能會誤以為自己是他們所愛之人的英雄。他們比3w4類型更容易與自己的情感脫節。

　　具有4型人側翼的3型人（3w4）比較關注的不是人們，而是工作、成功，以及反省。他們通常比3w2類型更為敏感、有藝術天賦、想像力豐富、善於表達，也更自命不凡。雖然3型人通常不會注意自己的感受，但3w4類型可能會非常突然地在工作與深刻感受之間搖擺。

三元組

　　3型人、2型人、4型人屬於內心三元組，表示他們是從情緒中心接收信息。雖然3型人經常與自己的情感脫節，但他們對於所遇到的一切還是會有感受，而第一反應就是產生情緒。3型人仍然具有批判性思維，而且非常偏向行動派，但這是他們對情緒中心所做出的反應。

內心三元組是所有三元組中最注重形象的，而內心三元組中最注重形象的就是3型人。3型人會一直注意自己在所有情境中的表現，還會竭盡全力改變形象以實現目的。

對於內心三元組裡的三種類型，羞愧也是一項激勵因素，而3型人為了試圖避免這種羞愧的感受，會不計一切想要獲得他人的讚賞與尊敬。他們（有意識或潛意識地）相信，如果能夠讓對的人留下深刻印象，就能夠逃離這種羞愧與毫無價值的感覺。這些類型也都會在與他人的關係中感受到自己，無論是好是壞。

姿態

3型人與7型人和8型人一樣，屬於侵略姿態。這三種類型都傾向於跟他人牴觸。在前往目的地途中，3型人會把人們視為要完成的任務。這種觀點會導致3型人非常武斷，可能還會強迫他人。他們知道自己要什麼，知道自己必須去哪裡，通常也不會讓他人阻礙自己。這種姿態會致使3型人很難了解自己對他人造成的影響。

3型人非常有遠見，為了實現目標，他們總能知道下一步該做什麼。這些類型也會壓抑情感，這表示他們的行為與思考較常出於意識而非情感。情感會妨礙生產力和效率，因此3型人可以在特定情況下劃分並封閉情感，好讓他們實現原本要做的事。

屬於內心三元組同時又覺得受到壓抑的3型人，通常會忽視自己的情感，使他們實際上背負了超乎預期的壓力。

未出現的連結

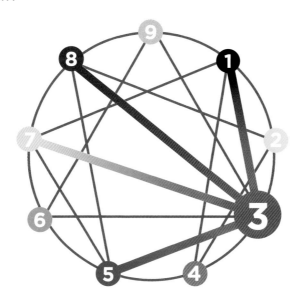

以下是3型人「未出現的連結」：

✦ **3型人與1型人**：3型人與1型人因為都有持續改進的驅力而結合。他們缺乏想像力，有條不紊，講究實際；有很強的職業道德；對差強人意的事情有種「神聖的不滿足感」，或者是理所當然的不滿。這兩種類型都會因為要在有深刻情感的時候壓抑情緒而掙扎。

✦ **3型人與5型人**：這兩種類型都是成就者。他們能夠洞悉事物，而且是聰明、專注、勤奮的工作者，只要專心投入就能夠成就大事。他們討厭浪費，喜歡效率。最重要的是，他們是因為（或能夠）斷開自己的情感和情緒而結合。

✦ **3型人與7型人**：這兩種都是侵略姿態中非常具有前瞻性思維的類型。他們都喜愛冒險、樂觀、堅定，而且能夠重新構築現實以符合需求。他們都能夠掌握環境的氛圍，並且將人們集結在一起。

✦ **3型人與8型人**：3型人與8型人都是天生的領袖，而他們一出現你就會知道。他們對身邊人的深愛會轉變為行動。他們非常支持自己關懷的人。這兩種類型都很討厭沒有效率，無論任何形式都一樣：沒有效率的情感，以及人們變得情緒化又找不到解答的情況。

如果你愛3型人

也許你生命中至少有一位你已經愛了一段時間，並對你相當重要的3型人。請謹記以下五種照料身邊3型人的最佳方法。

✦ **對他們保持實際與坦率。**3型人通常很難展現真實的自己，因為他們認為別人對自己的期望就是要完美、成功、有成就。當你表現出誠實、坦率與脆弱，就會讓3型人知道自己也有空間可以這麼做。如果你讓3型人知道你信任他們，多讓他們接觸你生活中未經修飾的一面，就會讓他們覺得這麼做很正常，每一次都會進步一些。倘若你不願卸下自己的偽裝，那麼期望3型人會卸下一些偽裝非但不切實際，對他們也不公平。

✦ **不要把他們當成偶像崇拜。**3型人通常很有成就、天賦與機智。我們很容易因為覺得對方能將一切安排得井然有序而嫉妒他們。在3型人身邊表示意見，說他們的一切有多完美、多成功或多麼棒，對

他們沒有任何幫助。這只會讓他們更以為你期望他們還要更好，而且會阻撓他們真誠對待自己和你。請記住，有許多3型人都會這樣，因為他們覺得自己為了生存或受到接納就必須這麼做。

✦ **以非常明確的話語和行動表示你不會拋棄他們。**3型人的核心恐懼是害怕自己如果表現出任何瑕疵，大家就不會真的愛他們或接受他們。他們會為了符合環境需求而不斷變形，這麼做並非毫無意義；確切地說，這是他們追求歸屬感的方式。請非常明確地告訴你認識的3型人，無論如何你都愛他們，也支持他們，並且向他們展現你是認真的。如果他們求助或跟你說他們有困難，請為他們多付出一分心力。要知道他們對你敞開心胸是多麼特別的事，所以請把握好這種連結。

✦ **給他們充足空間試著清楚表達情緒。**3型人與自己的情緒相當脫節。然而，這並不表示3型人不必處理他們的情緒。他們還是得努力慢慢接受自己的情緒及其需求，不過他們可能需要你的幫助。如果他們很難敞開心胸，請發揮你的耐心。你可能得陪伴他們好一段時間，問同一個問題許多次，或是等到他們準備好為止。3型人需要空間逐漸接受自己的情緒，而他們需要你一直陪在身旁，耐心對待他們。

✦ **留意並肯定他們做的某些事，包括他們的努力。**3型人幾乎做任何事都會相當投入，原因通常是他們覺得必須讓自己看起來令人欽佩也值得崇敬。如果你能注意到他們對一切投注的努力，會讓他們知道你看得出他們的本性。要是你肯定他們做的某些事，則能證明你

理解他們的努力，而且你不是在說空話。成熟又有自覺的3型人可以為群體成就許多大事，而他們會需要大家的支持與鼓勵。

成功之道

認清套疊的謊言

無論是什麼類型的人，如果沒意識到內心的聲音與動機，就很容易掉進自己的陷阱，而這種陷阱有時候會以謊言的形式出現，讓他們錯看自己及自己的地位。這些謊言最後會變成我們的侷限，所以我們需要聽到並接受事實，才能夠跳脫出來。

◆ **謊言：被視為有缺點是不好的。**
　事實：有缺點只會讓你像個普通人，就跟其他人一樣。
　　　　缺點並不能定義你這個人，但確實可以提醒你
　　　　身邊的人，讓他們知道你也值得喜愛、關心
　　　　與同情。

◆ **謊言：我必須隨時處於「開機」狀態。**
　事實：你是人，不是機器。你可以休息，
　　　　可以不追求成果或贏得人心，
　　　　也可以讓人們看到沒那麼美化
　　　　的自己。大家還是會愛你的。

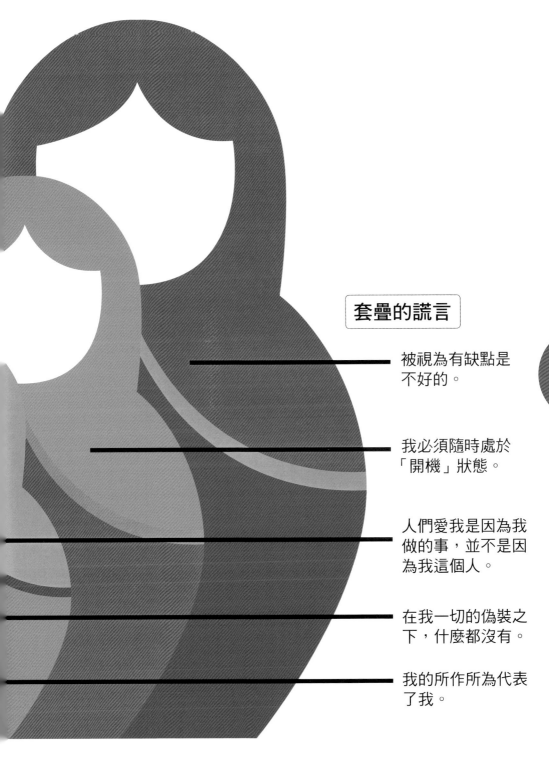

套疊的謊言

被視為有缺點是
不好的。

我必須隨時處於
「開機」狀態。

人們愛我是因為我
做的事，並不是因
為我這個人。

在我一切的偽裝之
下，什麼都沒有。

我的所作所為代表
了我。

3

✦ **謊言：人們愛我是因為我做的事，並不是因為我這個人。**

事實：大家愛你是因為你這個人，沒有任何事能改變這一點。

✦ **謊言：在我一切的偽裝之下，什麼都沒有。**

事實：你一直都是最獨特的，而且真正有價值的是你，不是你所扮演的那些角色。

✦ **謊言：我的所作所為代表了我。**

事實：你就像你所愛的每一個人，有需求、渴望、天賦、情感、靈魂，這才是你應該有的樣子。

漣漪效應

你的行為與傾向不只會影響自己，還會影響到許多人，如果你能注意這種影響，對大家都會更好。

✦ 如果你不希望被別人當成偶像崇拜，請記得，當你只想向世界展現出毫無瑕疵的自己，就有可能在無意中把自己塑造成偶像。許多3型人經常在工作或其他責任中貪圖省事，把更多精力投注於讓別人以為他們很有能力，而不是真正稱職地做好工作。由於你讓人們無法完整了解你的能力，這種貪圖省事的模式會侷限你和身邊的人，在這種情況下，最後大家都會不滿意。

✦ 要記得，你把人們當成任務時，就是在侷限他們。3型人很容易就會掉進陷阱，為了應對他們強加於自身的成功壓力，所以把人們視為要完成的任務。當你總是把任務與生產力看得比人際關係和他人

更重要，必然會跟身邊的人切斷真正的連結。即使你並非故意，這種習慣還是會讓他人感到被忽視。所有的類型都一樣，侷限你親近的人也等於是侷限你自己。

✦ 注意你如何把他人視為自己的延伸。當你的價值感與成就感，是以身邊人們的成就為基礎，你就會把自己對於成功和效率的高度期望，投射在他們身上。這種自己造成的壓力最後不會對你有幫助，對你親近的人當然也不會有幫助。你的價值並不在於你有多成功，也絕對不在於你的朋友和家人有多成功。

有益的作法

✦ **閱讀計畫。** 發現能夠使自己成長或好奇的領域、找出由專家寫的書、針對閱讀的數量與速度設定目標並制定結構，然後再完成計畫，這些對3型人而言都非常容易。這種練習可以讓你一直接觸新的觀點，提升生命中的任何領域。

✦ **沉默。** 在沉默時，3型人會被迫自我批評，發現自己的不誠實以及想要成功的強烈衝動。此時的關鍵是3型人必須學會直接面對自己的陰影面、不足、挫敗，而不是想要逃離。

✦ **毫無防備地分享。** 雖然分享脆弱應該是每個人都要做的練習，但3型人特別需要建立固定練習，開誠布公並毫無防備地跟另一個人或另一群人分享。這樣的練習需要反省與謙遜，而這兩種作法雖然很嚇人，卻是3型人想要克服強烈衝動所必須的。

3型人的自我照顧

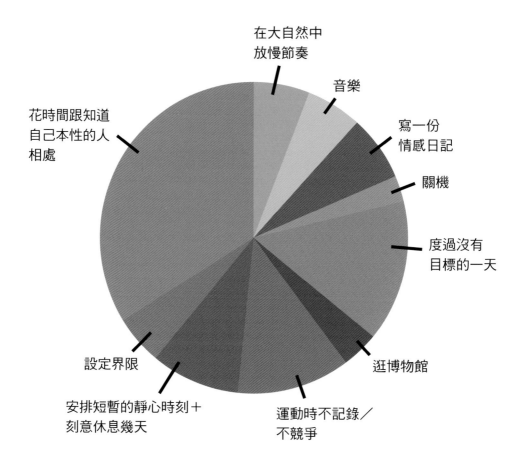

在大自然中
放慢節奏

音樂

寫一份
情感日記

關機

度過沒有
目標的一天

逛博物館

運動時不記錄／
不競爭

安排短暫的靜心時刻＋
刻意休息幾天

設定界限

花時間跟知道
自己本性的人
相處

自我審視

身體

過分自我厭惡　　　　　　極度關心外表　　　　　　精力旺盛／
　　　　　　　　　　　　　　　　　　　　　　　　自我接納

理智

冷酷／害怕失敗　　　　　自戀／異常迷戀　　　　　自信／能幹／
　　　　　　　　　　　　　　　　　　　　　　　　高自尊

內心

不值得信任／　　　　　　傲慢／脫離情感　　　　　迷人／優雅／謙虛
欺騙

自我

害怕失敗＋丟臉　　　　　注重形象／　　　　　　　有自我提升的抱負
　　　　　　　　　　　　不斷自我推銷　　　　　　／真實可靠

他人

報復心重／嫉妒／　　　　比較／只想讓他人　　　　仁慈／激勵
剝削他人　　　　　　　　留下深刻印象

驅動你的是什麼？

害怕失敗　　　　　　　　成功　　　　　　　　　　抱負（無論
　　　　　　　　　　　　　　　　　　　　　　　　結果好壞）

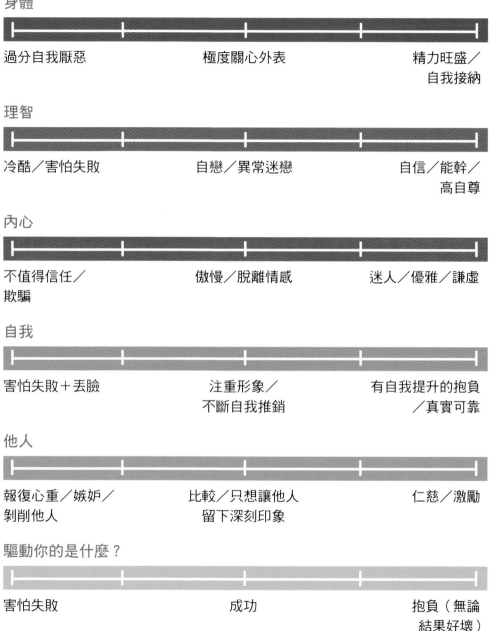

醒悟

很多人都需要碰到非常羞愧的事，才能跳脫侷限了他們和旁人的無意識衝動。3型人也不例外。3型人的醒悟通常是某種公開或長期的失敗感，以及無法達到對自己的期望。

生命並不是一道充滿成功與成就的階梯，也不一定有朝一日你就能爬到頂端。當驅使你以這種方式看待生命與人們的力量變得強烈，你通常就需要某種醒悟，好讓你想起自己和他人的人性。

公開或長期的失敗能夠軟化你，讓你不再把自己視為只追求成就的機器。只要你明白生命除了失敗還有其他面向，就能夠擺脫隨時都要表現的殘酷壓力。

TYPE

FOUR

4型人

個人主義者／浪漫主義者／藝術家

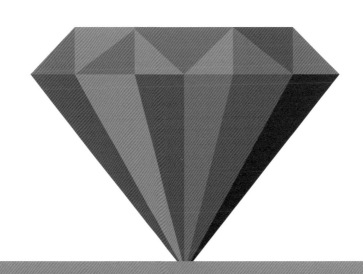

　　九型人格中的4型人稱為個人主義者、浪漫主義者或藝術家。4型人是有創意、能夠鼓舞人心又風趣機智的浪漫主義者，能夠徹底發揮想像力與創造力。他們是獨特而自相矛盾的人：嫉妒又有同情心，有自知之明又缺乏安全感，是很棒的傾聽者卻又極度孤僻。

　　不過，他們最厲害的超能力是可以在非常敏感的同時，保持情緒穩定。這些特質看似對立，但對4型人卻不然。其他類型可能會針對負面情緒或正面情緒做出價值判斷，4型人則是善於徹底體會各種情緒而不批評：也就是某些人可能認為的「好」或「正面」，以及被歸類為「壞」或「負面」的情緒。

　　因此，4型人也許會無來由地被視為喜怒無常、陰鬱或孤僻，但其實是他們不會逃避生命中必然出現的黑暗面。正在哭泣的4型人不會想得到安慰，也討厭有人叫自己開心一點，因為當生命遇到悲傷，開心是不真實的。4型人在勇敢面對最陰鬱的情緒時，體現了什麼是情緒強度。

　　其他人的挑戰則是為4型人朋友建立友好合適的空間，讓他們可以安心做自己，不會受到批評或感到羞愧。當我們學會以一致的方式對待4型人，他們就有足夠的安全感可以發揮優秀的天賦，展現這個世界亟需的情緒流暢。

免責聲明

　　我們在寫這本書時，就知道4型人的章節會是很難寫的一章（也許是最難的）。九型人格中的4型人稱為個人主義者、浪漫主義者或藝術家，但無論用什麼描述最貼切，4型人個性的核心就是極度的個人主義感。4型人認為他們在世界上非常獨特，任何測驗、書籍或人格類型，都無法完整描述他們。閱讀這一章時，4型人不太可能將所有層面都連結到自己身上，這沒有關係。我們知道不是一切都能夠跟4型人產生共鳴，不過我們希望這一章可以幫助周遭的人更加了解你的4型人性格，並且提供你成長的途徑，讓你也能更了解自己。

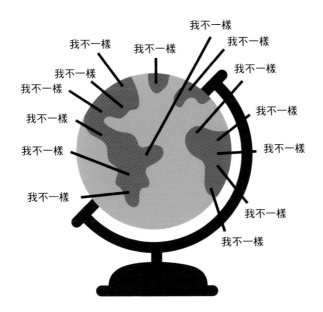

4型人的世界

　　世界會變成一個美麗、經過策畫、情緒強烈的地方。人際之間不會再有閒聊，只剩下真實、深沉、有意義的對話。每一個人都能夠清楚了解彼此，而且會發揮同理心。雖然不會有太多事完成，但一切都會有人處理。人與人之間很可能會更有連結，不過也很可能感受到痛苦的分離與寂寞，因為大家都會為了獨特性而競爭，或是質疑彼此對真實的詮釋。總之，大家會創造出許多憂鬱的藝術作品，以純熟技巧拍攝出許多結局悲傷的電影，也會寫出許多充滿焦慮煩憂的音樂。

動機

　　有些4型人的動機會顯現於外。4型人想要成為獨特的自己，並且向世界表現出來。他們可能會打扮得很特別、將頭髮弄成與眾不同的風格、以反文化的方式裝飾自己的工作空間，或甚至有一輛彩色的腳踏車／汽車。4型人就是以這種方式突顯自己，不一定會讓你注意他們，但能夠表達自己。換句話說，這不是為了你，而是為了他們自己。

　　不過在表面下，「美」也是4型人的動機。他們想要讓世界成為更美的地方，以及找出其他人未發現的美。4型人能夠在死亡、悲傷、失去、哀痛中找到美，並且透過創造力表現美。

　　4型人背負著許多羞愧。他們覺得自己比別人更破碎、受傷、不足。他們會告訴自己，沒有人能真正了解他們，也沒有人能真正接納或愛他們。他們太過破碎了，以至於無法真正得到了解與愛，因此深受某種強烈的缺乏感所驅動。

　　4型人是九型人格中非正式的「桂冠詩人」，相當於詩人萊納·瑪利

亞‧里爾克（Rainer Maria Rilke）的角色。以下是他的創作，你在閱讀時可能會聽見4型人內心的聲音：關於未能完全適應環境、想要建立連結並完全得到理解的想法，以及完全保持真我。

我在這世上太孤獨，卻未孤獨得
足以
真正地奉獻給時間。
我在這世上太渺小，卻未渺小到
足以
完全成為你的事物，
黑暗而精明。
我要自由意志，要它伴隨著
通往行動之路；
希望在問題出現，
發生事件時，
能夠成為知情者，
否則就孤獨一人。

我想完美映照出你的形象，
永不盲目或過於衰老
好支撐住你沉重動搖的映像。
我想要展開。
我不願留在畸形、歪曲之地；
那裡會使我不誠實、虛偽。
我要我的良心

在你面前保持真實；

想要把自己描述成我見到的一幅畫

已經許久，有如特寫，

彷彿我學會並欣然接受的新詞，

就像普通的水壺，

就像我母親的臉孔，

就像一艘船載著我

穿過最致命的風暴。

——萊納·瑪利亞·里爾克

陰影面

4型人的陰影面主要是深深的羞愧。4型人非常害怕自己真正的內在其實能力不足。他們表達自己的獨特方式有時候是一種應對機制，會因為覺得自己可能並不特別而過度補償。當4型人看見身邊的人雖然破碎卻仍然能夠運作，就會認為自己一定缺少了什麼。「為什麼其他人都這麼開心，我卻不是？」「為什麼他們都有成功的條件，我卻沒有？」

有個謊言會不斷困擾著他們，說這個世界受不了他們。事實上，在他們生命中或許有人說過「他們真的令人受不了」。在這個方面，4型人和8型人有很多相似之處。可是4型人非但不會對這個謊言有什麼反應，反而接受它，打從心底相信每個人都受不了他們，也沒有人能夠理解。

4型人的完善與惡化

　　有人說我們會往不同類型的完善或惡化方向靠攏，是因為那種類型有我們無法得到的某種東西。

　　狀況好的4型人會表現出一些1型人最棒的特點。他們能夠達到臨在（presence，意指有覺察力地安住於當下。）、實際、客觀，不再受情緒控制。他們體現了鎮定和情緒平衡的優點，能夠以深切、真實的方式表達情緒，不會受到情緒干擾。換言之，他們可以維持情緒流暢，但不會被情緒控

警告標誌

扮演受害者／
殉道者

推拉的傾向

取悅他人

發洩

過度需要關心／
黏人

控制

過度敏感

過度擔憂／
做得過頭

制。他們的情緒流暢會開始對他人產生好處，因為他們能夠觀察外界，聚焦於他人的情緒狀態。健全的4型人（或是成熟的4型人）是溫和、有同情心與同理心的傾聽者，不會只關心自己或自憐。

以下是我們的朋友艾莉莎（Alyssa）所描述的完善：

「我可以更理性，而且相信自己的看法更甚於情緒……我不會從一個極端轉移到另一個極端。我不會經歷情緒的低谷與高峰，而像是在一座高爾夫球場，其中大部分都是平地，不過會有些微的起伏（還不到丘陵的程度）。我對自己的信念覺得更有把握。我是透過思考而非感覺來解決問題。我會安排並製作清單，在事情完成時覺得很成功。我會制訂計畫並確實遵守。」

4型人有壓力時，就會開始出現一些2型人的不良特質。他們也許會嫉妒和羨慕別人，覺得對方好像有他們缺少的東西。這樣的4型人可能會過度陷於無用的憂鬱和自我厭惡。他們在關係中會變得過度投入、黏人，或甚至會有共依存症（co-dependence）。狀況不好的4型人就像不健全的2型人，可能會開始記下幫過的忙，操弄別人喜歡他們。他們會自我聚焦，表現得高人一等。

判斷這種情況的其中一個方式是觀察4型人的創意產出。無論偏好宣洩創意的出口是透過烹飪、烘焙、寫作、油畫、繪圖、手工藝、音樂、電影製作或其他事，健全的4型人都能夠撇開不安全感，在原創的藝術中表達普世真理。狀況不好的4型人創造力可能會受到阻礙或壓抑，或者直接把創造力當成延長或策畫情緒狀態的方式。

深入探究4型人

九型人格辭典：有用的4型人語言

✦ **平靜鎮定**（Equanimity，名詞）：其定義是情緒平衡；情緒平衡是4型人通往健全的途徑。健全的4型人比其他任何類型都更能夠體現情緒平衡，在所有情緒狀態之中保持理智的臨在。缺乏自我覺察或不健全的4型人，會因為極端的情緒陷入困境，而且會深受缺乏情緒平衡所苦。

✦ **策畫**（Curating，動詞）：4型人會不斷地把生活「策畫」成一件藝術作品。記憶經過策畫，外表經過策畫，居家空間經過策畫，而社群媒體動態也是經過策畫的。就連情緒也能經過策畫，例如看某部電影、聽哪一首歌曲，或是回到特定的地方。4型人善於策畫。

✦ **自相矛盾**（Paradox，名詞）：4型人會「自相矛盾」，而他們的極端傾向會以各種不同方式表現出來。最明顯的就是他們會忽冷忽熱地對待他人（退縮與吸引的循環）。4型人也可能會時而行徑誇張，時而陷入退縮與半麻痺狀態。他們不是完全投入，就是完全抽離。沒有中間立場。就連4型人的子類型也各有很大的差異。

子類型

✦ **社交（SO）4型人**：社交4型人會受苦。他們情緒敏感，與苦痛深刻連結，會在苦痛中以及向他人表達苦痛時找到慰藉。他們會將自己與他人比較，通常認為自己在某方面比較沒有價值或缺乏某些特

質。他們深切渴望知道自己到底是誰。他們經常懷疑自己，會跟別人比較並責怪自己，因此觸發了強烈的嫉妒感與羞愧感。

✦ **自保（SP）4型人**：自保4型人是相反型，表示他們展現出來的樣貌，比社交型和性愛型更不像4型人。他們不會非常激動或情緒化，也已經學會與痛苦共處，而他們堅忍受苦的方式就是將負面情緒內化。當他們對事情有深刻的感受，通常就會擺出一副「堅強」或「樂觀」的外表。自保4型人非常敏感，卻不愛討論自己的感受，或甚至與其脫節。這些4型人可能很難認同自己是4型人，也許會覺得自己屬於3型人、1型人或7型人。

✦ **性愛（SX）4型人**：性愛4型人性格強烈、堅定自信、爭強好勝，而且會直接說出他們的需要和感受。他們可能會表現得對他人有侵略性、難以滿足，也不怕明確要求自己需要的東西（或是抱怨得不到的）。他們表達挫折、被拒絕、憤怒的能力，可能會掩飾他們真正感到的悲傷或困惑。

側翼

4W3　　　　4W5

具有3型人側翼的4型人（4w3）彷彿會自相矛盾。以真實與情緒表達為動機的類型，怎麼可能會有以情緒文盲與欺騙為特點的3型人側翼呢？比起其他4型人，這些4型人更加性格外向又注重形象。他們也可能更有野心、更有好勝心。他們是兩種內心類型的結合，比較會關心人，也比較可能因為深刻的羞愧而感到掙扎。

具有5型人側翼的4型人（4w5）是真正獨特的類型。4型人具有5型人側翼，表示他們能跨越九型人格底部的分隔，填補頭腦與內心之間的差距。4w5類型通常比4w3類型更為理性、理智、敏銳、拘謹。他們結合了兩種退縮類型，通常較為內向與孤僻，在頭腦與內心之間更有連結。

三元組

內心三元組的三種類型（2型人、3型人、4型人）會透過情緒接收信息。他們對遭遇到的任何事都有感覺。雖然每種類型都有感覺，但除非你是屬於內心三元組的類型，否則身體覺知或思維會在你接收信息時最先發揮作用，即使只有一瞬間。

表面上，4型人給人的印象是自信、快樂與友好，不過他們在內心會感到空虛、無能、悲傷、羞愧。他們很敏感，能讓自己體會他人的感覺或行為。這三種類型都會覺得自己沒有價值而感到掙扎。

姿態

4型人、5型人、9型人都屬於退縮姿態，這表示他們以內在為導向，而他們的自我感來自內心。他們會從內在滿足需求，完全靠自己的理智和內心做出決定。4型人的內心生活就像真實世界，而他們可能經常會迷失於想像中，缺乏推動現實生活的主動性。因此，4型人也許會很難區分他們告訴自己的故事與身邊的現實有何差異。

跟其他類型相比，他們更容易以過去為導向，主因是過去不需要「作為」。他們可能會在腦中多次重現以前的對話和場景，想著自己應該要有什麼不一樣的行為或說法。4型人會退縮，藉此保護他們的感受並尋找個人價值感。他們會反覆思考人際關係、對話，以及自己的生命中缺少了什麼。

未出現的連結

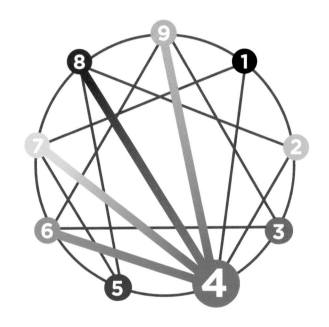

以下是4型人「未出現的連結」：

✦ **4型人與6型人**：4型人與6型人都是難以控制的類型，而且有時候會顯得自相矛盾。這兩種類型在精神上都很深沉，也極為敏感。這兩種類型都著迷於陰影自我（shadow self）以及生命中較為黑暗的部分。他們都會受到陰鬱的故事吸引。

✦ **4型人與7型人**：7型人與4型人看似對立，但有一個很大的共通點：這兩種類型的動機都是匱乏。他們熱愛故事、態度輕浮，這表示他們能夠為了特定的情緒或美學而塑造外部環境，並且可以同時欣賞世俗與絕美的事物。

✦ **4型人與8型人**：4型人與8型人都曾聽過有人說「受不了」他們，或許原因是這兩種類型都非常真實。他們性格強烈、情緒脆弱、喜怒無常、能夠鼓舞人心，並且和藹對待他人。

✦ **4型人與9型人**：屬於退縮姿態的4型人與9型人都是以過去為導向，讓這兩種類型表現出懷舊之情。他們都沒有徹底的歸屬感，因此可能傾向於只關心自己，並且表現得很戲劇化。這兩種類型也都熱愛故事和閱讀，尤其是奇幻故事與小說。

如果你愛4型人

4型人被誤解得很深。要對你生命中的某些4型人真正展現並給予愛，可能會非常困難。我們在先前的免責聲明中略微提及，4型人的圈子極具多樣性，所以你必須以創意的方式對待生命中的4型人。不過我們已經盡可能收集了一些指導方針，告訴你如何為認識的4型人建立安全的空間，好讓他們保持本色，不會產生羞愧或誤解。如果你愛4型人，請記住幾件事：

✦ **建立安全的空間。**作家亨利·盧雲（Henri Nouwen）在《從幻想到祈禱》（*Reaching Out*）中是這麼定義友好（hospitality）的：「友好

主要是指建立自由的空間，讓陌生人可以進入，成為朋友而非敵人。友好並非改變人們，而是提供他們空間讓改變發生。」這對你認識的4型人來說極為確切。4型人需要能夠擺出友好姿態的人。4型人也需要一個實際的安全空間，讓他們可以休息、獨處，或是跟了解他們的人在一起。請不要低估安全空間的價值。

> 「狀況不好的4型人，創造力可能會受到阻礙或壓抑，或者直接把創造力當成延長或策畫情緒狀態的方式。」

+ **放慢節奏，學習接納他們。** 4型人不高興時，不會想要你讓他們「覺得好過一點」。這會使他們認為你懷疑並看不起他們情緒深處的反應。此時要做的是學習接納他們的情緒，問他們有什麼感受，花時間聽他們詳細回答。不要催趕他們。要知道，即使是年輕的4型人也能夠擁有許多人無法理解的情緒深度。請了解他們有什麼感覺，以及他們如何給自己空間去感受。

+ **強化關係安全。** 你可能需要再三提醒4型人，你支持他們，哪裡也不會去。他們害怕會被自己敞開心胸的對象遺棄。這不表示你在4型人身邊就要如履薄冰，或是無條件容忍他們傷人的行為。不過你確實必須透過言語及非言語的方式，特地強化你們的關係安全。我們的詩人朋友麗莎‧凱（Lisa Kay）曾以4型人的觀點寫道：「讓我感受，讓我呼吸，到了最後，別遺棄我。」

+ **運用藝術。** 4型人最眾所周知的是會以詩、歌詞、音樂、視覺藝術、電影、書籍或角色等形式，在他們的情緒狀態與藝術之間建

立連結。下次你認識的4型人不高興，而你又很難跟對方建立連結時，可以考慮這麼問：「有沒有哪首歌曲可以說明你的感覺，能讓我多了解一點？」讓藝術成為媒介，幫助你們找出共通的語言。

成功之道

認清套疊的謊言

這其中有一些謊言深深糾纏著4型人的心靈，所以可能需要好一段時間才能夠認清。你也可以用自己的話寫下這些事實，不過這裡的內容可以幫助你開始。當這些謊言開始出現，請練習使用以下重新建構過的問題來回應：

◆ **謊言：太開心或正常並不好。**
   事實：這個謊言深植於你的過去。你是從什麼時候開始認為自己不能開心的？你不能表現出歡樂？其中有什麼客觀、非情緒性的事實嗎？

◆ **謊言：每個人都有，而我沒有。**
   事實：你有什麼？你尋求的是什麼？你是不是投射在他人身上？

◆ **謊言：我的情緒是一團混亂，沒有人了解。**
   事實：我們全都是不完整但美好的人。雖然不是每個人都能讓你放心地敞開內在世界，但「沒有人了解」這一點絕對不是真的。誰獲得了你的信任？誰正在等著你敞開內在世界？

✦ **謊言：如果我不特別，我就不重要。**

　　事實：你的重要性跟你努力的成果無關。你具有客觀價值，儘管你的主觀情緒可能不這麼認為。你尋求這種真實性的目標為何？你能接受人們不完全了解你嗎？

✦ **謊言：我不足夠。**

　　事實：你是不是害怕有人可能會完全了解你？

漣漪效應

　　你的所作所為會對他人造成真正的影響。即使對方可能沒告訴你，即使你不認為自己重要，即使你一個人，你的存在都有意義，也會對他人產生漣漪效應。

✦ 每當你被情緒所控制，就會讓你的現實生活無法正常運作。你的情緒深度是一種天賦，但不能當成不「現身」承擔責任的藉口。無論你內心的聲音怎麼說，你在自己的生命中確實很重要。你的所作所為會對身邊的人造成真正的影響。

✦ 每當你相信腦中對身邊人們的看法而不考量現實，就等於是將你的誤解投射在無辜的人身上。意識到這種情況發生時，請發揮類似1型人的特質，針對情況說出客觀的事實。將你的想法寫進日記；不要投射出來。

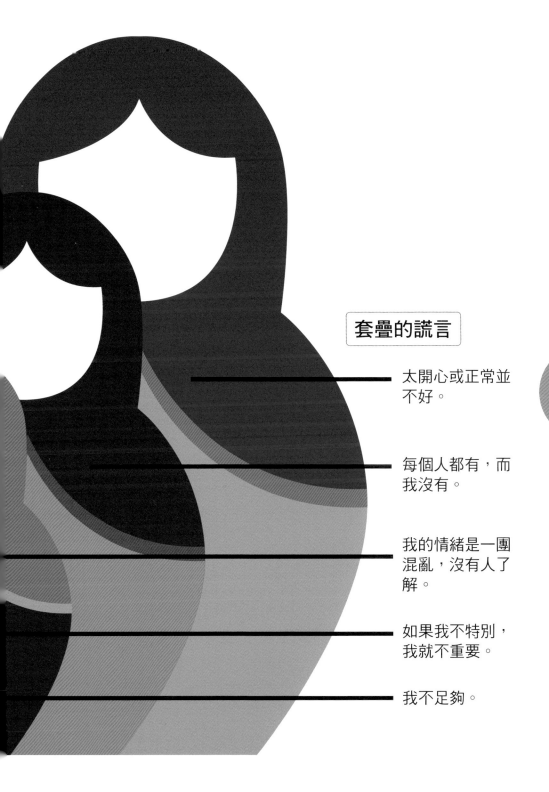

套疊的謊言

太開心或正常並
不好。

每個人都有，而
我沒有。

我的情緒是一團
混亂，沒有人了
解。

如果我不特別，
我就不重要。

我不足夠。

4

✦ 每當你對他人封閉自己，就是在做一件自私的事，而不是你內心深處想要的慷慨。如果你不向他人展現自己，要怎麼期待他們也會向你展現自己呢？

有益的作法

✦ **感受你的身體。**透過散步、洗熱水澡或做瑜伽來感受你的身體。這種作法能夠讓4型人以冥想的方式連結內心與身體。

✦ **臨在。**4型人是會退縮的類型。當情況變得有挑戰性時，4型人應該要練習正念（mindfulness）與臨在，重新學習如何容忍難以承受的情感，並且不封閉或孤立自己。

✦ **大自然。**我們曾經在Instagram上對4型人做過調查，問他們喜歡什麼運動。最多人回答的是4型人喜歡到戶外，進入大自然。你可以跟朋友散步、健行，或者坐在戶外欣賞大自然的美。

✦ **悲痛。**4型人天生就會練習悲痛。使用日記，投入你鬱悶的情緒，寫下一首悲痛的詩。寫作能讓你發揮想像力，以有效的方式處理你的情感，並且跟想要了解你感受的人分享。

✦ **慶祝。**慶祝是悲痛的對立面，而這種作法會很有挑戰性（卻是必要的）。每個星期結束時，請寫下五件值得慶祝或令你感激的事。

◆ **付出時間**。閱讀這章的非4型人可能會好奇「付出時間」是什麼意思，不過我們敢說讀到這裡的4型人一定能完全理解。消磨、享受、作樂，以及活在當下。

4型人的自我照顧

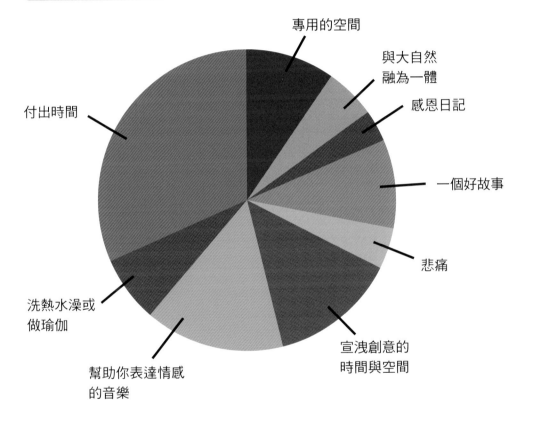

付出時間

專用的空間

與大自然
融為一體

感恩日記

一個好故事

悲痛

宣洩創意的
時間與空間

幫助你表達情感
的音樂

洗熱水澡或
做瑜伽

自我審視

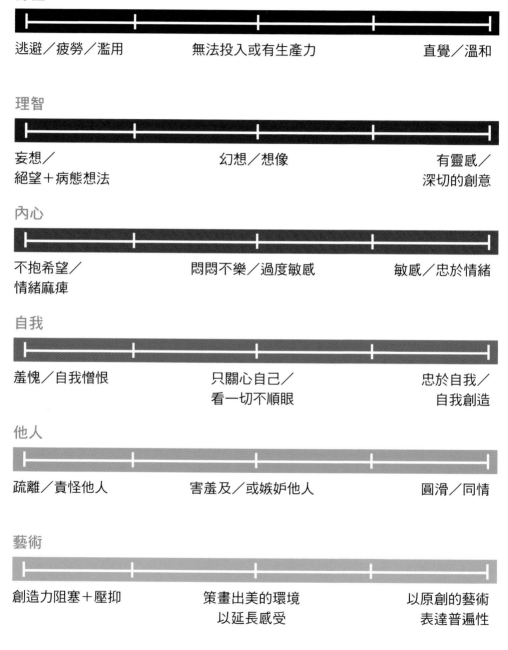

身體

逃避／疲勞／濫用　　　　無法投入或有生產力　　　　　直覺／溫和

理智

妄想／　　　　　　　　　幻想／想像　　　　　　　　　有靈感／
絕望＋病態想法　　　　　　　　　　　　　　　　　　　深切的創意

內心

不抱希望／　　　　　　　悶悶不樂／過度敏感　　　　　敏感／忠於情緒
情緒麻痺

自我

羞愧／自我憎恨　　　　　只關心自己／　　　　　　　　忠於自我／
　　　　　　　　　　　　看一切不順眼　　　　　　　　自我創造

他人

疏離／責怪他人　　　　　害羞及／或嫉妒他人　　　　　圓滑／同情

藝術

創造力阻塞＋壓抑　　　　策畫出美的環境　　　　　　　以原創的藝術
　　　　　　　　　　　　以延長感受　　　　　　　　　表達普遍性

醒悟

　　如果不加以抑制，4型人的傾向會讓情緒控制他們的生活。他們可能會一直對生活愈來愈不滿，到最後完全跟現實脫節。他們會對他人發揮「推拉」的傾向，以至於破壞重要的關係。他們會陷入深沉痛苦的孤立中，永遠不讓人進入內心，因為人們「不了解」。

　　4型人每天都有機會克服這些傾向。這需要付出許多努力，需要自我覺察，以及謙遜的心。有時候則必須順其自然，接受對大家最好的情況。不過最重要的是，你必須在現實世界保持臨在，而非活在理想的現實中。當你的情緒商數成長，並且學會什麼是健全的情緒，你跟他人就能夠真正了解彼此。

4

TYPE
FIVE

5型人

調査者／觀察者／理論家

　　九型人格中的5型人稱為調查者、觀察者或理論家。這些人是好奇、善於分析、專注、敏銳、富有洞察力的學習者。他們是不帶情感、界限明確、注重隱私、有自我控制能力的個體，會將許多時間用於思考。5型人的頭腦就像一座城堡：美麗、寬廣、豐富，同時也嚴密看守、不受侵擾，而且很安全。5型人會在腦中的城堡將他們從身邊觀察到的原始資料，轉換成合理、明智、創新的解答。5型人是很好的傾聽者，能夠保持客觀，也是極度忠誠的人。

　　雖然5型人表面上可能看似情緒平穩，但他們內心深處其實很敏感。對於情感，他們偏好保密，而且要先透過分析與思考整理過後，才願意投入並感受。

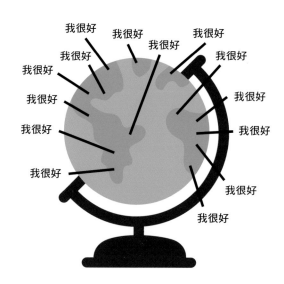

5型人的世界

　　世界會比較安靜，安靜許多。每個人都會活在自己的腦中，而且忠於自己。在最好的情況下，人們會考慮周到、善於應變、盡心盡責。不過，在最糟的情況下，全世界的人都會變得吝嗇又多疑。每個人要不是陷入沉思，就是討論他們正在學什麼新奇的東西。人們會變得圓滑並尊敬彼此，但也會缺少情緒表達，而整個世界的情緒商數就會變得很低。雖然大家都會研究如何做好事情，但沒有人真的會去做，所以全世界都會充滿很棒的想法，卻完全沒人執行。

動機

　　5型人的核心動機是想要變得能幹而稱職。他們是極度好奇的人，永遠渴求知識。他們想要了解世界、人們、自己的一切，經常沉迷於某個特定主題或研究領域，直到耗盡好奇心，接著他們就會把注意力轉向新的主題。他們是會洞察的人。5型人經常稱為觀察者或調查者，總是透過他們的眼睛接收信息。不意外地，許多5型人都戴著眼鏡。從5型人的好奇心來看，世界就是個遊樂場。他們永遠不會對探索周遭的一切感到厭煩。

　　除了這種想要理解一切的動機之外，5型人也是極為獨立的個體，渴望從自己與他人身上得到獨立。他們希望大部分時間都不受他人打擾，並且減少需要他人幫忙的需求；因此，他們會自己滿足需求。他們也相信其他人可以這麼做，所以當別人無法像5型人那樣滿足自己的需求，他們可能就會感到灰心。他們會避免自身與他人的需求，想要避免打擾他人的生活，同時也不希望被打擾。

陰影面

　　5型人的陰影面是一種深沉的恐懼。5型人非常害怕自己沒做好準備。他們會過度學習，以免讓自己看起來很無知；資訊能讓他們感到安心。他們強烈的獨立性也顯露出5型人陰影面的複雜；他們其實害怕自己能給的不夠，或是怕被要求得太多。他們怕其他人會侵入自己精心打造的城牆，然後發現裡面空無一物。

　　在5型人的腦中城堡深處，有個困擾著他們的謊言一直說他們能力不足。這個謊言深植於5型人獨立性的中心。5型人非常努力地過度補償，想要向世界證明自己其實有能力，所以他們學會自己滿足需求，相信他們能夠自己做好一切。他們會向自己撒謊，說自己一個人就夠堅強，不需要任何人。

5型人的完善與惡化

　　5型人會花太多時間活在自己腦中的世界，因此經常忽略或完全忘記具體的自我以及情感的自我。例如一位心不在焉的教授，她在實驗室花了太多時間，還因此忘記吃飯。雖然別人可能會認為這種忘記自我的行為並不好，或者覺得是惡化的跡象，但5型人的惡化其實很不一樣。

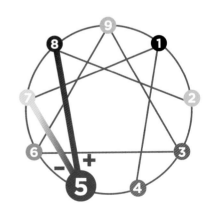

　　有人說我們會往不同類型的完善或惡化方向靠攏，是因為那種類型有我們無法得到的某種東西。或許這就是5型人開始惡化時會向7型人靠攏的原因。如果說一個普通的5型人能夠維

對一切說好	無節制的行為	自我忽略	失焦
制訂太多計畫	散亂的想法	過動	過度挑剔與嚴厲

持界限，那麼惡化的5型人就會摧毀界限，不受拘束地生活。

在極端狀況下，非常不健全又長時間處於惡化狀態的5型人，可能會顯得很渙散、容易失焦，而且有過動的行為。他們可能制訂太多計畫，答應一切，幾乎完全違背原本自己建立的界限與限制。他們可能做出一些無節制的行為，例如飲酒過量、吃得過飽、睡得過久、花費過多，或是把事情做得過頭。一直在工作且有自覺的5型人，可能會選擇偶爾卸下防備，讓自己享受一下。5型人通常不會像7型人那樣安心享樂。

真正完善的5型人不再只是脫離軀體的心智，而是會確切感受他們的身體、情感及世界。他們會發現並測試理論。他們會將觀察到的現象命名，並且在現實世界中得到研究成果，不只是在理論世界。最完善的5型人會向8型人靠攏，真正成為有力、能幹的領導者。健全的5型人有自信、果決、堅定、活躍。8型人的特質為5型人提供了他們通常缺乏的整合能力，而健全的5型人能夠利用優秀的洞察力得到收穫。

深入探究5型人

九型人格辭典：有用的5型人語言

◆ **隱修**（Monastic，形容詞）：5型人天生就想過著「隱修」生活。他們喜歡獨處或思考。他們討厭被打擾和不速之客。傾向保有情緒隱私及難以接受身體親密，這些都可能導致5型人奉行獨身主義。這會讓親密關係很有挑戰性，長期下來變得更脆弱，要發展依賴關係幾乎不可能。5型人要付出非常高的代價，也要有極為健全的特質，才能夠冒著很大的風險展現脆弱，跟另一個人親近。

◆ **預先思考**（Preflection，名詞）：5型人會「預先思考」再行動，或者只思考不行動。

◆ **收集**（Collecting，動詞）：所有5型人天生就會「收集」想法、概念、知識、寂靜或空間。然而，不健全或沒有自我覺察的5型人並不是收集這些東西，而是囤積。正因如此，傳統上5型人的核心缺陷就是貪婪與貪慾。5型人必須選擇慷慨，而非匱乏心態。

◆ **糧食**（Manna，名詞）：5型人每天都會耗盡精力。在《聖經》故事裡，沙漠中的以色列人每天只會得到特定分量的糧食，而5型人就像他們一樣，害怕會耗盡精力，因此花了很多心智能量，仔細選擇該把他們的寶貴精力用在哪些人事物上。

✦ **侷限**（Limitations，名詞）：5型人活在一個充滿限制與「侷限」的世界。他們會在頭腦與內心、身體與自我（理智）以及生命的不同面向之間建立隔牆。5型人過著界限非常明確的生活，而且有許多限制，這些都是自己或別人強加上去的。

子類型

✦ **社交（SO）5型人**：社交5型人追求智慧與知識，專注在大問題上，會在他們感興趣的領域變成專家。他們喜歡跟一樣有求知好奇心、有才華、有崇高理想的人建立連結。社交5型人跟其他子類型不同，他們最明顯的特質是會大方分享對於價值觀和想法的智識、能量與熱情。

✦ **自保（SP）5型人**：自保5型人非常保護個人的空間和隱私。他們會建立一座城堡，在這個安全的空間裡確保一切需求都能得到滿足。他們也會專注於讓自己的一般需求減到最低。他們通常很內向，會設定明確的限制與界限，在想要獨處時退縮到自己的私人城堡。他們的界限會延伸到生活的各個領域，而他們認為隱私與安全重要至極。

✦ **性愛（SX）5型人**：性愛5型人是相反型，表示他們展現的樣貌跟自保型與社交型比起來較不像5型人。雖然他們會跟一、兩個人有強烈的化學反應，不過基本上是過著非常拘謹的生活。性愛5型人會冒險依賴夥伴，比較願意接觸內在的情緒，但他們可能不會表現出來。他們也許會測試夥伴的忠誠，並且抗拒讓夥伴跟他人親近。他們比較有理想、會幻想，也比較有情感，因此受苦更深。

5W4　　　　　　　　　　　　　　　　　　5W6

　　具有4型人側翼的5型人（5w4）是真正獨特的類型。5型人具有渴望學習與理解的強烈動機，而且會花許多時間活在自己想像的世界中。不過擁有4型人側翼，則表示他們能跨越九型人格底部的分隔，填補頭腦與內心之間的差距。5w4類型通常比較有創意，而由於這是兩種退縮類型的結合，所以比起其他5型人，他們可能會表現得比較關心自己且疏離。

　　具有6型人側翼的5型人（5w6）通常比5w4類型更加外向。他們結合了兩種頭腦類型，比5w4類型更加焦慮、多疑、細心、嚴謹。他們比其他5型人更會關心人、更忠誠，也更會依賴。

三元組

　　頭腦三元組的三種類型（5型人、6型人、7型人）會透過理智，以分析的方式接收信息。這又稱為恐懼三元組，此類型大都會覺得做出決定和規畫未來很困難。5型人害怕做出不合理的事或犯錯。因此，他們會過度學習、過度思考，以及過度分析。

姿態

　　5型人屬於退縮姿態，這表示他們以內在為導向，而他們的自我感來自內心。他們會從內在滿足需求，完全靠自己的理智和內心做出決定。5型人的內心生活就像真實世界，而他們可能經常迷失於腦中的城堡，缺乏推動現實生活的主動性。跟其他類型相比，他們更容易以過去為導向，主因是過去不需要「作為」。他們可能會在腦中多次重現以前的對話和場景，想著自己應該要有什麼不一樣的行為或說法。

　　5型人會退縮以處理信息，並且把退縮視為有幫助的姿態，因為這能夠幫助他們發展自己的觀念系統。屬於頭腦三元組的5型人，會為了尋找並保護自己的客觀性及清晰思路而退縮，因為這是他們非常重視的要素。5型人也會為了平息焦慮而退縮。事實上，5型人是九種類型當中最容易退縮的。

未出現的連結

　　以下是5型人「未出現的連結」：

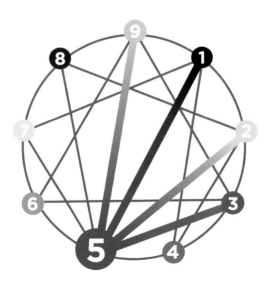

◆ **5型人與1型人**：1型人與5型人是勤奮努力的類型，有很高的職業道德。他們值得信賴又可靠。這兩種類型都不會為了節省時間而貪圖省事。他們重視規則，也注重界限。

◆ **5型人與2型人**：乍看之下，2型人跟5型人正好完全相反。2型人是有強烈衝動的給予者，5型人則傾向讓他人給予。這兩種類型經常在年輕時就找到彼此並結為夥伴，相信他們找到了互補的對象。雖然這是事實，但這兩種類型的共通點是在真正脆弱時都很難開口求助，都不想要依賴他人。

◆ **5型人與3型人**：3型人與5型人都是成就者。他們能夠洞悉事物，而且是聰明、專注、勤奮的工作者，只要專心投入就能夠成就大事。他們討厭浪費，喜歡效率。最重要的是，他們是因為（或能夠）斷開自己的情感和情緒而結合。

◆ **5型人與9型人**：5型人與9型人都屬於退縮姿態，有強烈的逃避傾向。他們注重隱私，是很好的傾聽者，會保守他人的祕密，也會建立認知距離以保持「安全」。這兩種類型都是敏銳深刻的思考者，喜歡能夠刺激思維的對話和主題。這兩種類型也都非常重視睡眠。

如果你愛5型人

現在你可能已經辨認出生活中的某些5型人了。5型人就跟其他類型一樣，在許多方面都會發生潛在衝突。你可能還不明白自己認識的5型人有哪些界限。舉例來說，5型人會有理智、情緒、身體上的界限，在他們的時間與住家方面或許也會有。所以如果你愛5型人，請記住以下五件事：

✦ **腦中的城堡是真實的**。5型人非常善於思考。他們的腦中是極為安全的空間，而他們能夠在腦中整理好情緒與感受，不需要你的幫助。這表示他們不是會說出思考的人，也許還認為要說出思考過程幾乎是不可能的事，因為他們必須先在腦中處理好一切的信息。如果沒先給他們思考的空間，請不要叫他們說出感受和情緒。最重要的是，當5型人把自己的感受告訴你時，請相信對方，即使他們並未表現出那些情緒的跡象。當5型人能夠把感受告訴你，就表示他們已經在心中處理好，也知道自己的感覺了。請相信他們。

✦ **他們在現實生活中也需要一座城堡**。5型人需要一個安全的實體空間，徹底屬於他們，能夠讓他們信賴，不會受到干擾。如果你跟5型人一起生活，請確保他們擁有自己的空間，讓他們在承受不了這個世界的時候有個躲避的地方。不要打擾他們的實體空間。如果他們能夠保有自己的獨立空間，就會成為活躍的人，與你維持健全的關係。

◆ **幫助他們完善**。你必須提醒5型人感受他們的身體。如果能夠持續進行身體練習，讓注意力離開腦中進入身體，他們對你而言就會成為更棒的思考者、更棒的感受者及更棒的人。當你注意到你愛的5型人腦中有太多事，請鼓勵他們透過跑步、騎自行車、游泳、做瑜伽或其他的身體練習，來感受身體。

◆ **設定明確的期望**。很多人不喜歡期望，但5型人更厭惡背負未言明的期望。要對你愛的5型人非常清楚地表明你的期望。

◆ **提供無條件的幫助**。5型人會照顧自己的需求，也會使自己的需求降到最低，因為他們害怕一旦你了解他們，就會認為他們的需求「太多了」。因此，5型人給自己的條件是跟和他們一樣能夠獨立與自力更生的人來往。如果你照顧到他們的需求，一定要讓他們知道你這麼做是無條件的。你會發現他們將慢慢地讓你進入他們腦中的城堡和內心。

最重要的是，如果你能夠清楚直率地表明想法，如果你能夠獨立不黏人，就可以好好地愛5型人。

成功之道

認清套疊的謊言

我們並非活在與人隔絕的世界中。身為5型人，你必須知道並認清的重大謊言是：「你

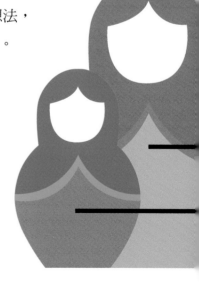

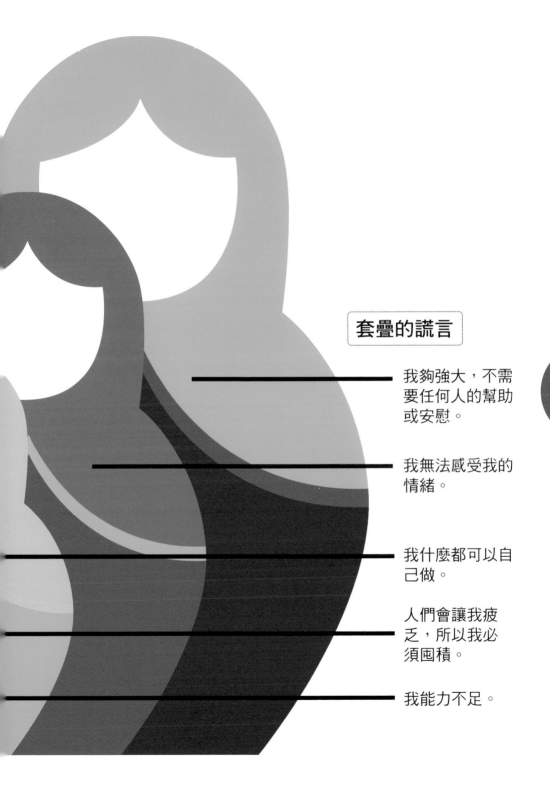

套疊的謊言

我夠強大,不需
要任何人的幫助
或安慰。

我無法感受我的
情緒。

我什麼都可以自
己做。

人們會讓我疲
乏,所以我必
須囤積。

我能力不足。

5

不需要其他人」。可惜的是，身為5型人的你，大概每天都在強化這個謊言，因為你一直在證明自己是個非常有能力的人，可以滿足自己的需求。這些謊言開始出現時，請用以下的事實代替：

✦ **謊言：我夠強大，不需要任何人的幫助或安慰。**
  事實：雖然你很獨立，不過你生命中還是需要有人在你不知道的方面提供安慰，也需要有人願意無條件幫助你。

✦ **謊言：我無法感受我的情緒。**
  事實：你感受情緒的方式跟別人不同。只要擁有能夠思考情感的心理空間，你就可以完整並徹底感受它們。

✦ **謊言：我什麼都可以自己做。**
  事實：雖然你是個非常有能力的人，還是無法什麼事都自己做。跟其他人過生活是最適合你的，而且一起度過這段旅程也會更有趣。

✦ **謊言：人們會讓我疲乏，所以我必須囤積。**
  事實：有些人確實非常累人，可是你有智慧與洞察力，能夠看出誰很安全以及誰不安全。對於安全的人，你可以自由慷慨地給予而不會感到枯竭。

✦ **謊言：我能力不足。**
  事實：今天，你很足夠了。

漣漪效應

你的所作所為會對他人造成真正的影響。即使對方可能沒告訴你，即使你不認為自己重要，即使你一個人，你的存在都有意義，也會對他人產生漣漪效應。雖然我們絕對不可能主張要任何人承受任何虐待，但5型人太過封閉了，所以偶爾必須有人提醒他們，這是個豐富充足的世界，而非匱乏之地。

◆ 每當你因為害怕對方會感到疲乏，從一段關係或對話中退縮，就是在向你的恐懼認輸。少許的恐懼是很好的激勵因素，不過那種會阻礙關係的令人麻痺的恐懼，則會造成傷害。別輸給恐懼。人際關係最適合你；也許你只是需要好好選擇跟誰建立連結。請懷疑你的懷疑。

◆ 每當你不了解自己的情緒，就是在冒險對身邊人們的生活造成負面的漣漪效應。請培養出一種能夠了解自我情緒的練習，例如獨處或是跟諮商師、靈修指導或嚮導，或者跟你信任的人一起。

◆ 每當你只是觀察生命，幻想著生活、談話或行動，或是自己在腦中對話而不跟真人互動，你就無法體會生命的圓滿，也錯過了你這一生最該做的事。別只在世界上當個被動的觀察者，要參與世界。我們需要你的觀察，也需要你的行動。

有益的作法

✦ **服務**。5型人很容易就會脫離現實並惡化,所以一定要能夠跳脫思考,實際運用他們的雙手與內心。定期的服務行動或擔任志工,會提供5型人轉換整個自我(理智、身體、內心)的空間。服務他人也會讓5型人與外在世界建立連結,提醒他們只要人類社會不完善,個體就不可能完善。

✦ **慷慨**。5型人偏好保留自我、想法和資源。練習慷慨會讓5型人接受挑戰並成長。5型人應該認真思考所有能夠分享自我和資源的方式。你可以在哪裡分享自己的知識、財富、想法和情感?以各種方式練習慷慨,並藉此消除你多年以來一直告訴自己的匱乏想法。雖然這需要付出時間與練習,卻能夠使5型人產生變化。就算你害怕自己會枯竭,也要相信還是能找到豐富的資源。

✦ **感受**。一旦你確認自己產生了情緒,就給自己一些空間來完整處理好。可是別讓這種處理成為感受的終點。要徹底感受你發現的所有情感。如果你覺得悲傷,就直接經歷悲傷,不要試著迴避。別繞過你的情緒,即使你是後來才感覺到,或者感受方式跟身邊的人不同,你也要用心去感受。

✦ **臨在**。5型人是所有類型當中最容易退縮的。因此,5型人要保持臨在,學會容忍過多的情感,不讓自己封閉或疏離,這麼做雖然很有挑戰性,卻能讓5型人產生變化。練習正念與臨在;透過身體練習來感受你的身體。

◆ **界限**。雖然界限很好，但5型人建立的界限通常比較像滴水不漏的隔牆，而不是一般用來保護我們的正常界限。思考你的哪些界限可以裝上門，或是能夠改造成柵欄。

5型人的自我照顧

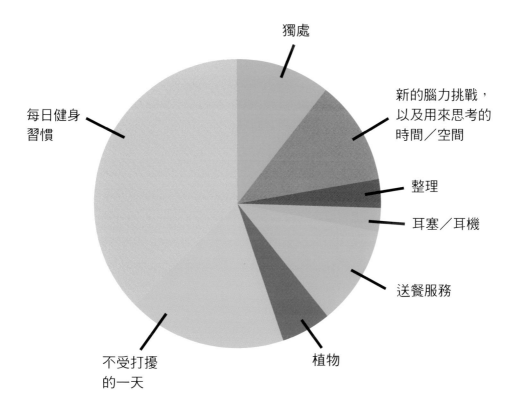

自我審視

身體

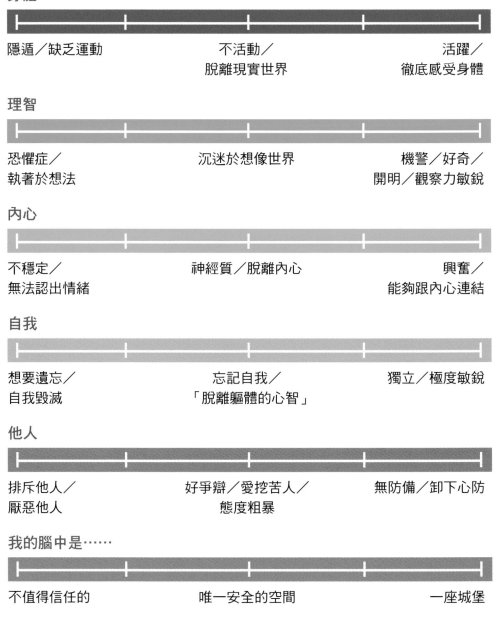

隱遁╱缺乏運動	不活動╱ 脫離現實世界	活躍╱ 徹底感受身體

理智

恐懼症╱ 執著於想法	沉迷於想像世界	機警╱好奇╱ 開明╱觀察力敏銳

內心

不穩定╱ 無法認出情緒	神經質╱脫離內心	興奮╱ 能夠跟內心連結

自我

想要遺忘╱ 自我毀滅	忘記自我╱ 「脫離軀體的心智」	獨立╱極度敏銳

他人

排斥他人╱ 厭惡他人	好爭辯╱愛挖苦人╱ 態度粗暴	無防備╱卸下心防

我的腦中是……

不值得信任的	唯一安全的空間	一座城堡

醒悟

　　很多人都需要碰到非常羞愧的事，才能跳脫侷限了他們和旁人的無意識衝動。對於5型人，這表示他們必須在某個時間點經歷重大的失去和悲痛。悲痛是你無法逃避的情緒。悲痛時，你就無法再把一切合理化，拒絕跟人親近，並且不參與自己的人生。雖然你可以透過許多方式感受情緒與身體，但只有像悲痛這麼極端又不可避免的事，才能讓你覺醒，捨棄限制自己的強烈衝動。

　　5型人都應該藉由我們在本章討論過的一些作法與自我發現，來學會這些課題。然而，5型人跟其他類型不同的是，能夠最快加速他們醒悟的事，不一定非要是某種性格缺陷。隨著你快速地透過悲傷或緩慢地透過其他作法改掉不良傾向，你的自我就會變得軟化，對身邊的人更能夠保持臨在與慷慨，也更能夠覺察到自己的情緒。

5

TYPE

SIX

6型人

忠誠者／懷疑者／守衛者

　　九型人格的6型人又稱為忠誠者、懷疑者或守衛者。他們的特質是忠誠、盡責、會保護人、謹慎、體貼、警覺、可靠。6型人總會注意到什麼事可能出錯，並且花很多時間預想最壞的情況（worst-case scenario）。他們也是準備周全和善於應變的人，因為要是發生了最糟糕的狀況，他們想要安然無事，也會希望你安然無事。

　　6型人會一字一句地注意聆聽空服員的安全宣導；知道每個緊急出口的位置；他們會準備點心以防你餓了，準備藥品以防你不舒服，也會準備充電器以防你的手機沒電。這種為了因應一切情況的萬全準備，算是6型人的超能力；有些對他們而言非常直覺的事，很多人根本連想都不會想到。他們自然是很棒的保護者、朋友與同伴。

　　雖然6型人天生就有使自己和他人安全的強大能力，不過他們的許多行為都源自恐懼與懷疑。他們認為可能出錯的事一定會出錯，而他們無法相信那些否認這一點的人。6型人很難相信自己，原因是他們缺乏信心，也無法敏銳覺察到自己過去的錯誤。不過，6型人同樣也很難相信別人，尤其是不認識的權威人士，因為他們不知道那些人是否能看到或預料到他們看到或預料到的一切。由於他們無法信任自己或他人，所以會產生一種持續的緊張感，造成不安，也讓大家覺得沒有人是安全的而心神不寧。

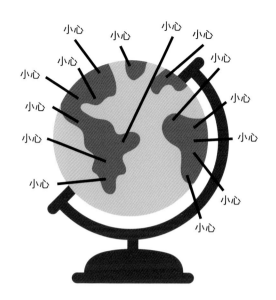

6型人的世界

　　世界會變得非常安全，一切經過精心籌畫，也都在意料之中，而且不會有太多自然發生的事。在最好的情況下，人們會變得盡責、友好、和平，每個人都會保護與留意彼此。世界會變成一個互相連結的網路，所有人都是彼此重要的支援系統。然而，在最糟的情況下，人們會變得焦慮、害怕、過度保護、擔憂。他們會因為過於關心未來而無法採取行動。能夠完成的事情不多，進步也會受到限制。

動機

　　每種類型都會有特定的強烈衝動，是他們對大多數情況的本能反應，而6型人的強烈衝動就是安全。6型人認為生命充滿了小問題、麻煩和威脅，因此他們永遠都在尋找安全與可靠的人、組織和程序。他們一直都在留意是否有任何危險或危害的跡象，儘管那可能是在很遙遠的地方。

只要一道警示出現，6型人就會開始從各種角度審視情況可能在哪裡出錯，他們會想像所有的局面，然後開始思考該如何做好準備。那些沒有自我覺察並以「自動化」模式行事的6型人，會接受警示且迅速行動，這可能導致旁人認為他們狂亂、缺乏安全感，而且害怕一切。

6型人在表面下就是不停地留意狀況、做好萬全準備，並且渴望安全。他們想要得到引導，想要有他人支持，並且確保每個人都能得到照顧。

陰影面

雖然6型人的許多行為是受到對安全的渴望所驅使，但安全可能只是他們願意接受的第二選擇，僅次於真正的愛。某人的習慣、行為模式和提供的安慰，或者未表現出威脅和敵意，都可能會讓6型人誤以為自己得到了愛。

6型人很容易就會覺得你支持他們，認為沒有人生氣，也沒有人處於危險或脆弱的情況中；一切都很好。在關係中得到安全是一件很棒的事，能夠為他人提供實體安全與情緒安全，也是6型人所展現的非凡天賦，但這些能力並不能理所當然地換取愛。6型人傾向把安全與安全感視為終點，而不是通往終點的途徑。

這些強烈衝動可能會導致6型人不斷產生一連串有害的想法，阻擋他們獲得真正的成長與自我發現。那些想法包括他們永遠不會好好的、無法相信自己、無法相信他人、必須準備好計畫和逃生路線、活在永無止境的恐懼中，以及一定會被遺棄。

很多6型人都是因為早期的經驗而被塑形，當時他們覺得世界是個可怕的地方，壞事可能會突如其來地發生。他們對自己失望，對權威人士失

望，對外在環境失望，而且也對以前看似無足輕重的事件感到失望，所以他們認為，最好隨時準備，以防那種事再次發生。任何事件都會加深6型人的恐懼，導致6型人不斷保持警覺。

6型人的「原罪」，或稱為惡習，是害怕危險、不確定、混亂、遺棄、需求得不到滿足、無助、孤獨。恐懼是所有類型共通的感受或經驗，不過對6型人而言格外沉重。藉由6型人對恐懼的反應，就能夠知道他們的性格健全與否。當他們處於極端不健全的狀態，恐懼會對他們的生活造成很大的影響。然而，更常見的情況是恐懼會在更小、更細微的地方出現。恐懼的樣貌可能是毫不質疑而強迫性地對任何警訊做出反應，不斷懷疑人們其實沒把你的最佳利益放在心上，採取強烈手段避開危險（即使那麼做不合理，而且要付出個人代價），或是不願意相信身邊人們好的一面。恐懼本身並非壞事或有害的，但要學會以健全的意識來因應恐懼，對6型人而言是一段接連不斷的戰鬥。

6型人的完善與惡化

6型人處於壓力或惡化時，會出現一些3型人的特質。他們可能會失去安定感，屈服於不安全感，也經常將自己的不安全感投射在他人身上。這種投射的表現方式可能是變得更關心自身形象，或是陷入不良競爭。他們通常會在工作之間游移而非直接面對，藉此麻木自己的焦慮。6型人處於壓力時，會放棄自己習於認真考慮一切的本性，只憑衝動對周遭環境做出反應。

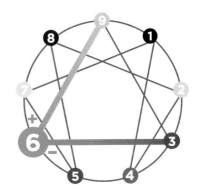

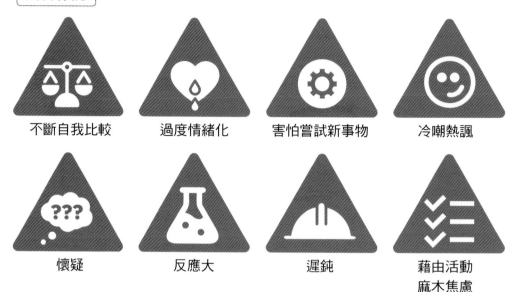

不斷自我比較	過度情緒化	害怕嘗試新事物	冷嘲熱諷
懷疑	反應大	遲鈍	藉由活動麻木焦慮

　　然而，他們就跟其他類型一樣，在壓力下往另一種類型靠攏，並不一定是壞事。有時當6型人被迫處於完全沒準備的情況，就可以藉由往3型人靠攏的態勢跳脫出來，發揮有效的思考，以高效率的方式做該做的事。在這些時候，6型人就能夠不理會他們的內部委員會（Inner Committee），表現得比平常更堅定。

　　6型人在健全的時候會向9型人靠攏。健全的6型人明白不必隨時都要過度警覺。他們願意放鬆，也相信自己和身邊的人都會沒事。健全的6型人會表現出9型人的正面特質，能夠放慢心思，對眼前的人發揮深刻的同理心。6型人的生命中有許多時間都在不停地追求安全感，而當他們變得更完善，就會明白如何放鬆，處於他們渴望的平靜與安全之中。一旦他們學會如何相信自己和身邊的人，就能夠放鬆。

　　如果6型人學會克制自己的過度警覺，就會是最能夠整合人們與團體

的類型，並且體現了什麼叫安定不焦慮。用心感受這種完善的6型人，會提供6型人所能給予的實質安全，再加上9型人特質提供的內在和諧與安寧，對身邊的每個人而言都是一大幸福。

深入探究6型人

九型人格辭典：有用的6型人語言

✦ **內部委員會**（Inner Committee，名詞）：6型人腦中充滿了信任之人的聲音與意見，也就是「內部委員會」。這個內部委員會一直在辯論與談話，影響6型人的想法，導致分析癱瘓（analysis paralysis）。

✦ **分析癱瘓**（Analysis Paralysis，名詞）：由於6型人可能不相信他人的建議或自己的想法與意見，所以無法做出決定。

✦ **最壞的情況**（Worst-Case Scenario，名詞）：6型人對任何情況都能夠抱持負面看法。他們應付恐懼的方式是透過悲觀主義並為最壞的情況做好準備，而他們所設想的情況，是其他類型通常連想都不會想到的。6型人總是堅信最壞的情況非常有可能發生。

✦ **創傷前壓力症候群**（Pretraumatic Stress Disorder，名詞）：在壓力情況還沒發生之前（如果真的會發生）「再次經歷創傷事件」。

✦ **測試**（Testing，動詞）：6型人會時常「測試」身邊的人，確認對方忠誠且意見跟自己一致，讓自己安心。

子類型

✦ **自保（SP）6型人**：自保6型人很謹慎，也很忠誠。他們非常實際，會切實關心自己的安全。自保6型人又稱為「恐懼型」6型人，表示他們很適應自身的恐懼，也有許多保護自己免於恐懼的方法，而他們不會展現出較具侵略性或好鬥的作風。自保6型人永遠都會準備好因應各種情況。他們可能比其他6型人的子類型更含蓄也更謹慎，通常會比較細心對待親近的人。

一般認為6型人是九型人格中唯一有兩種變體的類型：恐懼型（phobic）和反恐懼型（counterphobic）。雖然我們同意有些6型人會面對恐懼，有些則會順從恐懼，但我們不認為6型人分成兩種類型而其他類型只有一種。我們建議最好從本能子類型的層面來解釋這種差別，因為6型人的三個子類型比其他人格的子類型更為獨特。

✦ **性愛（SX）6型人**：性愛6型人又稱為「反恐懼型」的6型人，表示他們的動機雖然還是恐懼，卻會採取更主動的方式面對恐懼。他們可能會衝向恐懼，而非逃離。性愛6型人是相反型，表示他們比另外兩個子類型更不像6型人。他們意志堅強，態度直接，有時甚至會被認為好鬥。他們比其他子類型更大膽，也更有自信，而且比較不信任權威人士。他們很可能會被誤認為8型人或1型人，原因是他們的主要性格似乎不怕面對他們認為是錯誤的情況。

◆ **社交（SO）6型人：**社交6型人結合了恐懼型與反恐懼型。他們盡責、嚴謹，比其他子類型更能夠從群體的角度思考。社交6型人看待事情能夠是非分明，以至於他們可能被誤認為是1型人。社交6型人總會想要確保大家對彼此都有共識。他們想要參與身邊最親近之人的生活，如此一來那些人才會在他們有需要時提供支持。他們能夠適應規定、命令和準則，因為這些東西帶有明確的期望，而且很可靠。社交6型人對待親友時會堅守傳統，原因是傳統對他們來說代表了親密與穩定。社交6型人不像性愛6型人，他們必須在權威人士身上尋求慰藉。

側翼

6W5   6W7

　　具有5型人側翼的6型人（6w5）通常較含蓄、謹慎、理智。他們對恐懼或威脅的反應，偏向於從內在透過大量思考、研究與分析來處理。他們喜歡研究各種事物，這樣一來，無論碰到什麼狀況都能夠做好準備。6w5類型通常比6w7類型更內向與退縮。

具有7型人側翼的6型人（6w7）通常比6w5類型更外向、更有活力，也更衝動。比起6w5類型，他們在面對恐懼或未知時，更可能會直接採取行動。他們活潑、愉快而自信。他們的思想非常活躍，而且富有生產力。

三元組

6型人屬於頭腦三元組，又稱為恐懼三元組。他們會先透過思考中心接收信息，即使是潛意識或瞬間發生的事亦然。6型人會花許多時間思考，包括設想最壞的情況、為了接下來可能發生的事做好準備，或是評估安全性。他們的思維非常敏銳活躍，而且一直在運轉。

頭腦三元組會被稱為恐懼三元組，是因為他們跟恐懼有很緊密的關係與反應。6型人經常一頭栽進恐懼中，比其他任何類型都更常想到他們害怕以及可能出錯的事。然而，這種傾向並不代表6型人什麼都害怕。這種對恐懼的敏感，也能讓6型人在面對恐懼時做出大膽、積極、勇敢的直接反應。

姿態

6型人屬於依賴姿態。他們會以他人為導向，並且會依賴他人來找到自身的安全感與認同，無論好壞。6型人又稱為忠誠者，因為他們有凝聚大家並保護身邊人們的強烈傾向。只有身邊的人安全、安穩、過得好，他們才會覺得安全、安穩、過得好。6型人覺得身邊的人必須可靠、可以信賴，而且容易理解。

許多6型人都非常重視群體。這種對他人的依賴可能會使6型人陷入麻煩，因為當他們對別人有很高的期望或假設而不說出來，或是在體制中有某人令他們失望，他們就會開始把懷疑投射到每一個人身上。

依賴姿態的類型會壓抑思維，也就是他們在思考之前會先有感受並行動。這個概念跟6型人在頭腦三元組的屬性似乎有點不一致。不過，6型人處於「自動化」模式時，可能很快就會對恐懼感或不安全感做出反應，而在未先停下來仔細思考的情況下，直接採取防守動作。

當6型人能學會在設想最壞的情況之前，先暫停下來仔細思考，就可以獲得成長並邁向完善。

未出現的連結

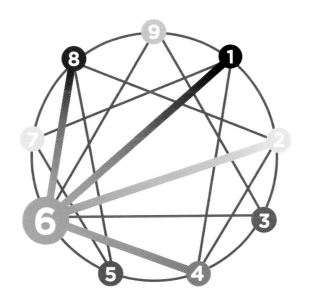

以下是6型人「未出現的連結」：

✦ **6型人與1型人**：1型人與6型人都看重「正確」。這兩種類型都認為做事有適當的方式，而規則和層級非常重要。他們很可能會讓人覺得刻板和過度保護。這兩種類型都有偏執與自我懷疑的問題。他們都很忠誠、可靠、負責，也看重言行一致且可以信賴的人。

✦ **6型人與2型人**：這兩種類型表現出來的樣子很類似。他們深愛身邊的人，為了對方什麼都願意做。他們善於保持臨在，你可以安心地跟他們談話。他們想要身邊有人，也都擅長建立鞏固的關係。這兩種類型都會以一貫的態度支持並照顧他人。他們對關係都有不安全感，經常懷疑人們到底有多喜歡他們。

✦ **6型人與4型人**：4型人與6型人都是難以控制的類型。他們有時候會顯得自相矛盾。這兩種類型在精神上都很深沉，也極為敏感。他們都會受到陰影自我和生命的陰暗面吸引，很容易就著迷其中。他們喜歡聽陰鬱的故事。

✦ **6型人與8型人**：8型人與6型人都是堅強的保護者和守衛者。他們對人的忠誠能夠點燃自己的生命之火。你一定會想要這兩種類型的人支持你，而不是反對你。他們都很難相信權威，而且都能夠敏銳地提早發現即將到來的麻煩。

如果你愛6型人

也許你生命中至少有一位你已經愛了一段時間，並對你相當重要的6型人，可是表面下的一切可能會使你大吃一驚。6型人跟其他人一樣，都有自己最在意的事，而這些事可能不像其他人想的那樣理所當然。九型人格有個很棒的部分，就是能夠提供知識給我們，讓我們知道如何以更好的方式去愛人。請謹記以下四種照料身邊6型人的最佳方法。

要注意的是，6型人的人類安全系統在他們生命中有非常特別的地位，而如果這些論點來自他們圈子裡的權威人士，重要性更會大幅增加。

✦ **現身；當你說會為他們做某件事，就真的去做。** 6型人以忠誠與可靠著稱。比起大多數人，這些特徵對他們而言更像本能。6型人體現了什麼是「死忠」，而我們很幸運能夠得到這樣的忠誠。當然，6型人也會很感激身邊的人夠可靠，並且在需要的時候出現。因此如果某個對6型人很重要的人食言，說到卻沒做到，就會導致6型人覺得受傷，有時候還會認為遭到背叛，因為他們本身的忠誠是毫不動搖的。對6型人食言，就等於表示你不會優先考慮他們，而這會觸發各式各樣的不安全感。雖然以一致的態度對待每個人很好，但對你身邊的6型人更要如此。

✦ **讓對方知道你仍然支持他們。** 對於跟你親近的6型人來說，最重要的是你知道他們無論如何都支持你。同理，讓他們知道你的支持也非常重要。6型人是注重關係、有群體意識的人，會把你的幸福視為自己的幸福。如果你想表現對6型人的愛，就要用明確的話語和行動表示你支持他們，尤其是他們狀況不好或表達擔憂的時候。例如，你可以簡單地回覆訊息、帶食物給他們、主動聯絡問候、特地花時間陪他們，告訴他們，你今天因為什麼事情想到了他們，或是直接告訴對方「無論如何我都支持你」。6型人可能會發出隱約或明顯的求救信號，要看看有誰會回應，就算是非常微小的信號，藉此確定自己的人類安全系統正常運作。請留意這樣的傾向，也一定要迅速回應，即使信號非常微小。6型人會注意到這些小動作，而且會很感激。

✦ **認同他們的擔憂。** 沒有人喜歡被看輕或被打發，可是很多時候，當6型人說出他們的擔憂，我們卻認為他們不理性，似乎把看輕或打

發他們當成可以接受的行為。如果6型人對你沒預期到的事情表示憂心，請讓他們覺得自己被傾聽。有時候你必須稍微套話，才能問出他們在擔心什麼。有時候你必須和緩地讓他們放鬆一下。有時候對方就只需要有人聽他們說話，不必提出任何問題。無論如何都要認真看待6型人，也別輕視他們。要明白他們在想什麼，並且說清楚。尤其是他們為了你而表達關切的時候。他們想要你好好的，這通常是他們表現關心的方式。

✦ **在他們憂心時從頭到尾陪伴。**在許多情況下，6型人會需要你從頭到尾陪伴著他們度過恐懼與憂慮。你可以進一步問他們，如果真的出問題會怎麼樣。偶爾要讓他們知道，即使一切都出了嚴重的差錯，他們還是會好好的，你也會支持他們。很多時候，6型人會覺得只有自己在擔心，而要是那些恐懼成真，他們會很孤獨。請陪伴他們度過這一段時間，並且非常明確地表示他們還是會好好的。

成功之道

認清套疊的謊言

無論是什麼類型的人，如果沒意識到內心的聲音與動機，很容易就掉進自己的陷阱，而這種陷阱有時候會以謊言的形式出現，讓他們錯看自己及自己的地位。

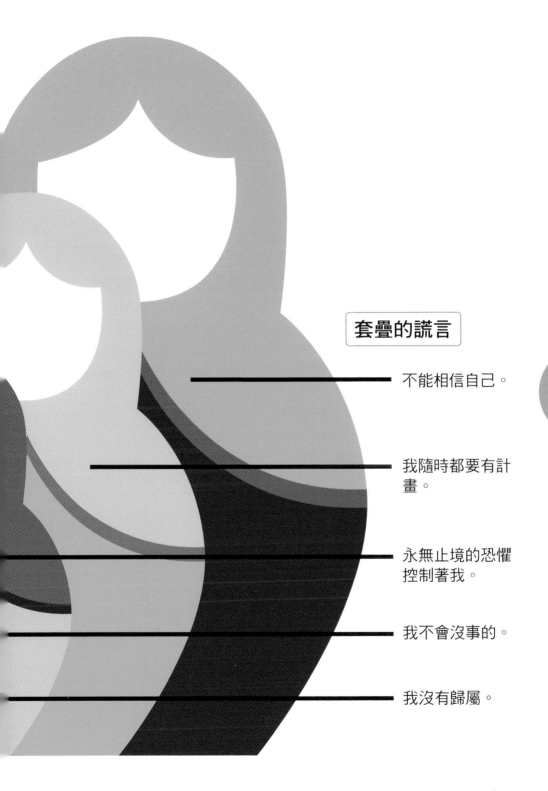

套疊的謊言

不能相信自己。

我隨時都要有計畫。

永無止境的恐懼控制著我。

我不會沒事的。

我沒有歸屬。

6

這些謊言最後會變成我們的侷限，所以我們需要聽到並接受事實，才能夠跳脫出來。

+ **謊言：不能相信自己。**
  事實：你的本能、忠誠、關係與決定，造就了現在的你。你知道你做的比自己想的更好。

+ **謊言：我隨時都要有計畫。**
  事實：有時候生命就是會發生你意想不到的事。你沒有準備是很正常的。就算沒有計畫，你的敏銳直覺也會幫助你解決事情。

+ **謊言：永無止境的恐懼控制著我。**
  事實：你可以選擇以健全的方式因應恐懼。也許恐懼會一直存在，但擁有最終決定權的是你。

+ **謊言：我不會沒事的。**
  事實：雖然未來什麼都不確定，但如果你依靠自己、你的群體和支持你的系統，一直生活到現在，那麼你一定也可以合理安心地相信自己在未來會好好的。

+ **謊言：我沒有歸屬。**
  事實：你提供了人際關係與群體迫切需要的安心、忠誠和穩定。你在所屬的每個團體中都是不可或缺的。

漣漪效應

你的行為與傾向不只會影響自己，還會影響到許多人，如果你能注意這種影響，對大家都會更好。

✦ 有時候在關係中表達懷疑是合理的。然而，以不公平的態度提出懷疑，可能會使你身邊的人筋疲力盡。將你的懷疑胡亂投射到他人身上，會讓對方感受到你的不信任、猜疑，或許還有不當的期望。如果你沒有懷疑某人的理由，卻總是質疑對方的意圖，就會讓他們變得愈來愈不想跟你建立信任。這種過程會妨礙你們的關係，限制你和對方。在這方面要小心謹慎為上。

✦ 許多6型人會心存懷疑，是因為他們以前曾經失望過。有時候你失望是因為不合理的期望，但在其他時候，你覺得受傷是很正常的。雖然有些關係造成的創傷，會使人保持距離與謹慎，但把輕微的傷痛和失望當成某人會辜負你的證據，你和對方就會受到侷限。某些時候，緊握著過去的傷痛不放，會使對方完全沒有成長的空間，生命對你來說也會變成一連串自我應驗的預言。你一定會讓自己失望，也會對別人感到失望，因為沒有人是完美的。對於以前傷害你並令你失望的那些人，你愈快放下他們，就會愈快見到你的人際關係健全成長。

✦ 你會敏銳地注意到麻煩或可能出差錯的事。這種敏銳的能力是你為所屬群體帶來的禮物。然而，當你開始表露並投射出你面臨的所有焦慮，就會讓其他人跟你保持距離。當你將自己對於生活某個層面的擔憂，投射在傾聽你的人身上，對方就必須處理你的不安全感和

你的問題，而這些事本來就不應該由他們處理。了解分享合理擔憂與投射不安全感之間的差異，對你和生活圈裡的人都會有好處。

有益的作法

✦ **提醒物。**由於6型人總會留意事情可能出什麼差錯，所以必須有明確的提醒物，讓你們記起過去發生什麼事，以及你們如何克服生命的難關。你們很堅強，適應力也強，而且有不少人面對過許多困難，成就了你們現在的樣子。擁有某種提醒物（可能是某個象徵、一張照片或掛在牆上的物品）可以讓你們想起自己經歷過什麼事，以及當初是如何克服的，這對你們未來碰到任何情況時都有幫助。

✦ **口號。**同理，擁有可以一再對自己重複的口號或句子，就能幫助你安心專注於你所知的事實，而非聽從你的恐懼或不安全感。雖然每個6型人在這方面的作法不盡相同，可是找到你相信的句子並記住，就能夠在警示出現以及恐懼感上升時，幫助你決定自己的想法。這種作法可以讓你看清自己的恐懼，不被恐懼控制。

✦ **自我檢查。**在恐懼感上升時問自己困難的問題，也可以刺激你的思考，讓你在做出反應之前停下來反思。要阻止自己擔憂以及為最壞的情況做打算時，你可以在警示出現時問：「這是真的嗎？真的有可能發生嗎？一定要由我來解決嗎？」提出這些問題也是很重要的步驟，你可以藉此觀察自己的恐懼與憂慮，不讓生活受到其支配。

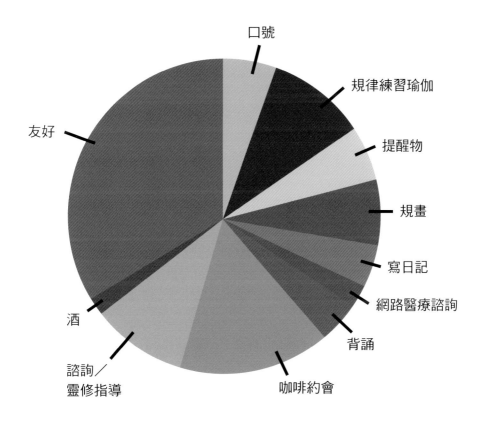

口號

規律練習瑜伽

提醒物

規畫

寫日記

網路醫療諮詢

背誦

咖啡約會

諮詢／靈修指導

酒

友好

自我審視

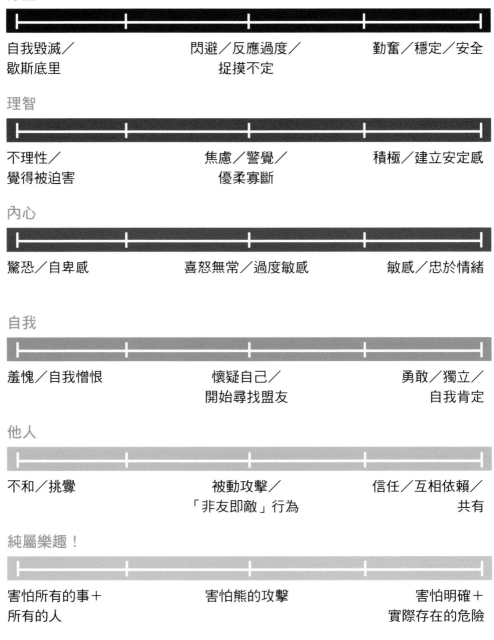

身體

自我毀滅／　　　　　　　閃避／反應過度／　　　　勤奮／穩定／安全
歇斯底里　　　　　　　　捉摸不定

理智

不理性／　　　　　　　　焦慮／警覺／　　　　　　積極／建立安定感
覺得被迫害　　　　　　　優柔寡斷

內心

驚恐／自卑感　　　　　喜怒無常／過度敏感　　　　敏感／忠於情緒

自我

羞愧／自我憎恨　　　　　懷疑自己／　　　　　　　勇敢／獨立／
　　　　　　　　　　　　開始尋找盟友　　　　　　自我肯定

他人

不和／挑釁　　　　　　　被動攻擊／　　　　　　　信任／互相依賴／
　　　　　　　　　　　　「非友即敵」行為　　　　共有

純屬樂趣！

害怕所有的事＋　　　　　害怕熊的攻擊　　　　　　害怕明確＋
所有的人　　　　　　　　　　　　　　　　　　　實際存在的危險

醒悟

　　無論你是什麼類型，靠著衝動過日子可能會對自己的生活和關係造成各種問題。許多人都必須透過極其激烈的方式才能破除這些衝動。6型人的醒悟可能會有幾種不同形式。情況或許是你或所愛的人發生沒人能夠預期或料想到的壞事。也許是你為了阻止某事發生而採取所有可能的預防措施，結果事情還是發生了。有時候則可能是不安全感支配了你的生活，而你一直投射出去，結果最後把所有你在乎的人都推開了。

　　這些局面都會讓你以痛苦的方式學會你並不能掌控一切。你無法藉由不斷保持警覺來拯救世界。有時候你為了緊緊抓住人們所採用的方式，反而趕走了他們。無論你是否有準備，都可能遇到困難的生命挑戰。

　　然而，好消息是生命總會充滿各種機會和隱約的跡象，你不必透過如此激烈的醒悟就學到這些事。我們希望你了解自己的習慣與模式後，更能夠意識到你對自己和身邊人們的生活有什麼影響。你可以一點一點地開始相信自己和身邊的人。如果你害怕的事情以前發生過，但結果比你想的還好，何不相信之後也會是這樣呢？

　　恐懼是一種機會，能讓人展現最真實的勇氣：做令你害怕的事。身為6型人，只要繼續這樣走下去，你會發現自己也可以幫助他人找到勇氣。你愈能夠接納這種勇氣，就愈可能發現你要尋求的安全，並且為你所愛的人帶來安全。當你變得更加安定，也能夠利用6型人的「超能力」來服務他人，你就可以幫助人們團結一致並協助他們找到勇氣，藉此學會拯救世界的方式。身為6型人的你曾經面對生命的風雨，今後還是能夠度過的。

6

TYPE
SEVEN

7型人

熱心者／樂觀者／享樂主義者

出　路

　　九型人格中的 7 型人稱為熱心者、樂觀者或享樂主義者。你可能認識某個 7 型人，也喜歡跟那位 7 型人在一起。從外表看，這種類型是靈魂人物；他們很有趣、令人愉快、無拘無束、輕鬆樂觀。他們散發著愉悅與積極。這些人永遠都想要冒險，而且隨時都在活動。情緒健全時，他們會是迷人的說故事者：好奇、自然、樂觀、健談、細心、熱情、歡快、活躍。

　　令人意外的是，7 型人其實屬於頭腦型。7 型人會在腦中運作，不停思考與規畫，這樣才能徹底利用每一天和每個時刻，享受最大的樂趣。如果我們可以打開 7 型人的頭腦，就會發現他們一直在接收信息、學習、思考及處理。找時間問問你最喜歡的 7 型人正在思考或夢想什麼，你就會被帶進一個獨一無二、充滿神奇想法的世界。7 型人的挑戰是把他們頭腦體操的所有內容，整理出一個明確方向，並且把他們所有的知識轉換成對他人有益的智慧。

　　然而，頭腦類型的人不是只會思考、規畫和夢想。7 型人是厲害的辯解者、說故事者，以及理智重構者（mental reframer）。他們可以直接重構自己的觀點，把任何負面情況轉換成正面。請將「重構」想像成一種超能力：這種天賦可以用來做天大的好事，或造成巨大的毀滅。無聊、乏味的任務與清單到了 7 型人手上，就可以變成一連串有吸引力的象徵和形象，使人活躍起來。身為逃避痛苦型的 7 型人，也會利用重構與合理化等

心理技巧，避開生命必然的痛苦。

　　7型人一定要在某個時間點明白受苦是生命的一部分，而他們必須接受。這不能透過理智重構，必須得親身經歷。真正受過苦並全然清醒與滿足的7型人，與無法處理苦痛的7型人之間，很容易看出差異，這一點在7型人身上比其他類型更為明顯。接受苦痛的7型人仍然能體現7型人有趣的特徵，但心中會多了一分寧靜與和平。

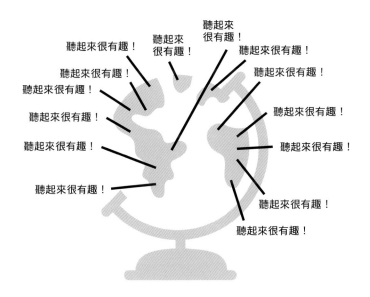

7型人的世界

　　世界像是一座自由的遊樂場，充滿各種可能與驚歎！每個人都會說笑話、擬計畫，並且盡可能享受樂趣。每天都會是一場大型派對，沒有什麼理由。然而，所有的派對都是在掩飾情緒空虛，以及沒人真的感到快樂的事實。大家都會有許多高明出色的想法，卻很少有人執行完成。全世界的人員流動率會大幅提高。人們每一年都會換工作，而履歷表內容愈長愈好。生活會陷入狂熱，使人疲憊不堪。

動機

7型人會被稱為熱心者、樂觀者，是有理由的：他們其實想要獲得快樂與滿足。他們的動機是歡愉，而他們要的是享受生活、嘗試新事物，以及避免無聊。

雖然前述的動機對7型人和愛他們的人來說顯而易見，但在表面下還有更多因素在驅動7型人。7型人停不下來，是因為他們不想被束縛。他們想要保有選擇的空間，也受到害怕被困住的動機驅使。他們想要逃離內在焦慮，也害怕任何形式的痛苦：處於痛苦、施加痛苦、看見痛苦。

陰影面

7型人的陰影面是一種深沉的恐懼。這種恐懼可以透過許多方式顯露出來：對於安穩、滿足、習慣、快樂或適應感到害怕。但最重要的是，這些偽裝全都是在掩飾對痛苦的深沉恐懼。7型人會建立生命的應對機制，來幫助他們避免痛苦。

為了避免痛苦並滿足自己對刺激的無盡渴望，7型人有時候會過度努力，導致他們尋求以無節制的行為來填補內心的空虛。7型人是會上癮的類型，容易沉迷於吃得過飽、過度購物、過度狂歡、飲酒過量、過度運動、過度安排。有時候，這種沉迷會引發非常嚴重的成癮現象、物質濫用問題、財務崩潰，以及極度焦慮。

7型人的完善與惡化

當我們往不同類型的完善或惡化方向靠攏，是因為那種類型有我們無法得到的某種東西。或許這就是7型人開始變得完善時會向5型人靠攏的原因。5型人的美德是節制，即適度、克制、戒絕。真正完善的7型人，能夠在放縱與節制、歡樂與悲傷、出門和不出門之間找到平衡。7型人在往5型人靠攏而變

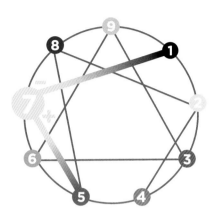

得完善時，就能夠使身體和心智平靜下來，徹底感受一切，而不會只想著接下來要做什麼。你可能會注意到這種7型人變得更鎮靜、更有創意，而且跟他們複雜的內在世界也更有連結。

$\boxed{\text{警告標誌}}$

無法妥協	挑剔／懲罰他人	執著於細節	幼稚行為
管太多	責怪他人	缺少動機	過度放縱

7型人狀況不好時，就會開始惡化並顯現出一些1型人的不良特質。他們會明顯變得憤怒與挑剔。他們可能會聚焦在他人身上並加以指責，試圖藉此逃離自己的世界。他們可能會管得太多、變得頑固又無法妥協，而且會找別人麻煩。他們不了解自己的需求，反而將注意力朝外，覺得自己「有權」撕裂其他人與體系。

許多7型人都提到惡化情況會伴隨內在焦慮而發生，他們會藉由建立秩序，更努力地讓自己分心而不去注意內在世界。為了避免感受內在的混亂，他們可能做出製作清單或過度清理外在世界之類的事。長時間處於惡化狀態的7型人，可能只會跟周遭的人維持表面關係，因為任何更進一步的往來都會太過「真實」，造成太多痛苦。

深入探究7型人

九型人格辭典：有用的7型人語言

✦ **逃生口**（Escape Hatch，名詞）：7型人在任何情況下都想要有出路。7型人非常有遠見，總是在幻想下一個階段。他們的「出口」可能是某種實體，但也可以是逃進自己的思考中，在白日夢裡找到自由。7型人不想被困住，所以他們的出口是一種應對機制，要用來處理這種深切的渴望。

✦ **重構**（Reframing，動詞）：7型人善於將太過悲傷、沉重或負面的情況，以較為正面的角度將其「重構」。重構任何情況並從中找到一絲希望，幾乎是7型人的老習慣了。這種行為可能是有意也可能是無意的。

✦ **錯失恐懼症**（FOMO，名詞）：沒有任何類型比7型人更能體現「錯失恐懼症」（fear of missing out, FOMO）。他們是九型人格的早期採用者。7型人什麼事都想做，所以，活在當下並且只滿足於一個地方，對7型人而言是一種挑戰。

子類型

✦ **社交（SO）7型人**：社交7型人是相反型，表示他們比其他7型人更慷慨大方，也更有服務心態，行為舉止都有所節制。他們想要避免被看成自私的人，會專注於犧牲自己的需求而服務他人。他們有社會責任感、慷慨大方，願意犧牲自己的需求以減輕他人所受的苦。他們會批判自私。所以，社交7型人表現出來的樣貌非常類似2型人。

✦ **自保（SP）7型人**：自保7型人很會經營人脈，並且希望每一個人都能得到最好的。他們非常務實、健談、親切，善於達成目標。他們會聚集一群緊密的支持者。他們是投機主義者，注重自身利益，並且會尋歡作樂。他們也擅長為自己的行為／渴望找藉口與辯解。

✦ **性愛（SX）7型人**：性愛7型人是夢想家、理想主義者、浪漫主義者。他們會想像比日常現實更好的情況，以過度樂觀的角度看世界，並認為一切都有可能。有時候他們會想像事情如何發展，卻看不到實際的情況。他們可能不喜歡預料之中的事，而所展現的積極會顯得不切實際或天真。

側翼

7W6   7W8

具有6型人側翼的7型人（7w6）是「樂觀」與「悲觀」的有趣組合。這種類型的特色通常是負責任、幼稚、愛開玩笑、關係導向、焦慮、開朗外向。比起其他7型人，他們更為他人導向，而且更重視忠誠。

具有8型人側翼的7型人是真正獨特的類型。他們混合了兩種侵略類型，比其他7型人更愛好冒險、堅強、熱情、性格強烈、有創造力、敏捷、大膽。我們的朋友布蘭登（Brandon）是7w8類型，他喜歡說自己是「7.5型人」，原因是在7w8類型中，8型人對7型人的影響太大了。這種類型的核心是7型人，但又擁有像8型人的忠誠與狂熱，以及保護人們的強烈渴望。

三元組

7型人屬於頭腦三元組，透過理智以分析的方式接收信息。頭腦三元組又稱為恐懼三元組；恐懼是這一組類型的激勵因素。對7型人而言，這表示他們隨時都是以合理化的方式來處理恐懼。7型人又稱為樂觀者，不過更確切地說，7型人的樂觀是他們用來應付世界的應對機制。

姿態

7型人屬於侵略姿態，表示他們以外在為導向，會與他人牴觸，在提出需求並達到需求時會顯得很堅持（或具有侵略性）。他們知道自己要什麼，知道自己要去哪裡，而他們會前往目標，不容許其他人事物妨礙。

侵略姿態是以未來為導向而非現在或過去，他們認為未來完全操之在我。7型人的心理空間非常著重於未來及下一個階段。7型人的夢想對他們而言極為重要，甚至可能跟他們的需求與希望混淆。7型人可能會以同樣的執著追求這三件事（夢想、需求、希望），卻無法分辨三者的差異或安排優先順序，而他們會不停追求，直到滿足需求為止。

7型人可能會覺得很難真正探索自己的感覺，導致他們被認為是「情感壓抑」。7型人偏重行動與思考更甚於情感，通常也較不重視感受。他們在生活中不會隨時都能接觸到情感，因此可能很難接納他人的情感，這不代表他們是故意輕忽，就只是因為他們沒注意到情感而已。7型人經常透過紙條、禮物與簡訊，以間接的方式表達情感。

未出現的連結出現的連結

以下是7型人「未出現的連結」：

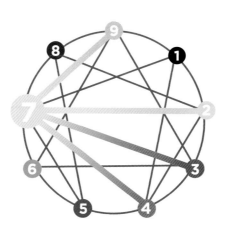

◆ **7型人與2型人**：2型人與7型人對世界的態度都非常開放。他們的表現就像孩子：7型人會像孩子一樣愉悅輕快，2型人在關係中則會像孩子般依賴。這兩種類型都會陷入嚴重的錯失恐懼，都善於讓自己有豐富的社會經驗。

◆ **7型人與3型人**：3型人與7型人都是侵略姿態中非常具有前瞻性思維的類型。這兩種類型都會著重於大局及未來的結果，而非當下的細節。

◆ **7型人與4型人**：乍看之下，7型人與4型人似乎是對立的，但這兩種類型的動機都是匱乏，只是會有非常不同的反應。他們極度熱愛故事，態度輕浮，這表示他們能夠為了特定的情緒或美學而塑造外部環境，並且可以同時欣賞世俗與絕美的事物。

◆ **7型人與9型人**：9型人與7型人表面上看起來沒有太多共通點，不過這兩種類型都非常會逃避痛苦。他們幽默有趣、喜歡玩樂、大方慷慨、多才多藝，而且適應力強，能夠順應潮流。這兩種類型也都讓人覺得容易分心與注意力渙散。

如果你愛7型人

現在你已經想到生活中的某些7型人了。如果你愛7型人，請記住一些事：

✦ **遠大的理想比細節更重要。** 當7型人向你提出新概念時，在你抨擊細節之前，請先讓他們完整地表達想法。別急著得到結論或逼問事情要怎麼完成。7型人不會在意初稿的打字或內容錯誤，因為他們已經能看見未來完成的樣子，而太快指出錯誤可能會扼殺他們的熱情。

✦ **為夢想建立安全的空間。** 7型人需要夢想，在談到最新的夢想時通常也會非常興奮。請不要輕視他們的夢想，而是提出誘導式的問題，例如：「如果這個夢想成真會發生什麼？」或是「在這個未來空間裡會是什麼感覺？」

✦ **他們不只是靈魂人物。** 別再要求7型人一定得當靈魂人物，而是在他們想要擔任那種角色時給予尊重。檢視你和7型人之間的關係。你想要他們背負太多社會壓力嗎？主導無聊的會議？重新構築他們的（或你的）焦慮？

✦ **7型人不一樣，不匱乏。** 7型人無法以前後一致的方式溝通，不代表他們就不愛你。同理，7型人很難探索自己的心，不代表他們就沒有內心世界。要留意7型人用什麼間接方式向你傳達他們的情感。

最重要的是，如果你可以給7型人空間、鼓勵、社會能量，讓他們完全做自己，展現他們複雜但令人驚歎的特質，你就可以好好地愛他們。

成功之道

認清套疊的謊言

身為7型人，你必須知道並認清的重大謊言是：「你擁有的不夠，而且你擁有的永遠都不夠。」當這些謊言開始出現，請用這些問題與事實來反駁：

✦ **謊言：適應、滿足或找到安穩並不好。**

事實：利用你聰明的頭腦重新建構這個謊言。如果你找到對自己真的很有效的習慣，情況會怎麼樣？要是你遇到某個人，讓你覺得少了對方會比在一起生活更像陷入困境呢？倘若安穩能夠帶給你和平與寧靜？

✦ **謊言：我一定得當靈魂人物。**

事實：這個謊言是從哪裡來的？會不會因為你覺得如果自己不是靈魂人物，就什麼都不是，也什麼都拿不出來？或者這是來自別人對你的期望？

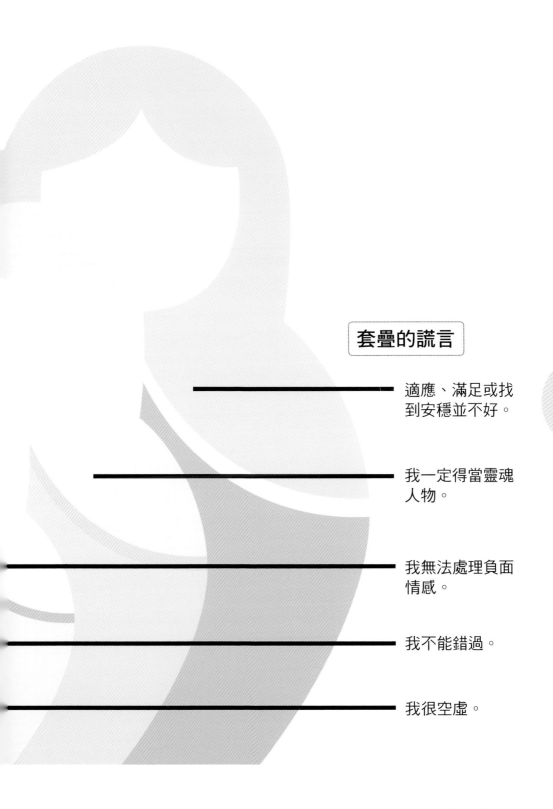

套疊的謊言

適應、滿足或找到安穩並不好。

我一定得當靈魂人物。

我無法處理負面情感。

我不能錯過。

我很空虛。

◆ **謊言：我無法處理負面情感。**

事實：屬於侵略姿態的你，通常傾向於淡化情感，而將情感分成負面與正面的想法，其實並不正確。所有的情感都很正常，我們必須學會覺察它們。你無法躲避生命的黑暗面，像是悲傷。你必須經歷它們。

◆ **謊言：我不能錯過。**

事實：錯失恐懼只是一種焦慮升高的狀態。只要你覺得這個謊言的影響開始慢慢增加，請花一點時間回想你重視生命中的什麼，例如家人、朋友、工作、安全感、健康或其他。真正的錯失恐懼是不是指「錯失」這些事呢？跟你最重視的事情相比，如果你沒參加到一場派對或活動，又會如何呢？

◆ **謊言：我很空虛。**

事實：你一點也不空虛；你充滿了許多特質。你有非常聰明的頭腦，充滿各種想法與夢想，而且其他人也很羨慕你對生命的熱情。

漣漪效應

你的行為會對他人造成真正的影響。即使對方可能沒告訴你，即使你認為自己不重要，即使你一個人，你的存在都有意義，也會對他人產生漣漪效應。身為7型人的你，天生就比其他人更不容易發覺這種漣漪效應。

◆ 每當你忽視別人，不把他們當一回事看待，就是在告訴對方，你認為他們可以隨意拋棄。

◆ 每當你為了逃離現實而屈服於放縱、成癮的行為，就是在讓自己的不滿愈陷愈深。你愈疏離現實，現實就愈難滿足你。

◆ 每當你放棄，對任何事／任何人從未堅持得夠久而深入了解，就等於告訴大家，你不在乎他人。即使在蜜月期結束之後，也要保持忠誠。

有益的作法

◆ **獨處**。身為7型人的你，可能不會想要獨處，但有些年長睿智的7型人告訴我們，安排獨處時間並確實執行，是達到完善的關鍵方法。從每天一小段獨處時間開始，或者是每週一段較長的時間，一定要確實執行。

◆ **驚奇**。放慢速度對於精力充沛、熱愛喧鬧的7型人來說並不容易。但是，每個7型人都有像孩子般純真坦率的天賦，是練習驚奇的最佳人選。練習驚奇就是要注意並感知當下，知道現在什麼是好的，以及必不可缺的，而非在意未來可能缺少什麼。驚奇是當下的冒險，並不是第二選擇。

◆ **禁食／犧牲**。禁食對7型人而言是很有挑戰性的作法，因為他們偏好放縱與歡慶。這種練習能幫助你成為不上癮的7型人。用一項節制的行為來應對你原本的放縱行為。如果你沒試過這種作法，第一步可以先為了你愛的人放棄某個東西，讓你的犧牲有意義。

◆ **挑戰你的傾向**。在一個星期裡，列出你改變環境氣氛的所有時刻，

然後問自己這些問題：為何要這麼做？代價是什麼？你藉由成為靈魂人物來幫助他人（或自己）的真正原因是什麼？利用這項練習記下你的直覺反應。

7型人的自我照顧

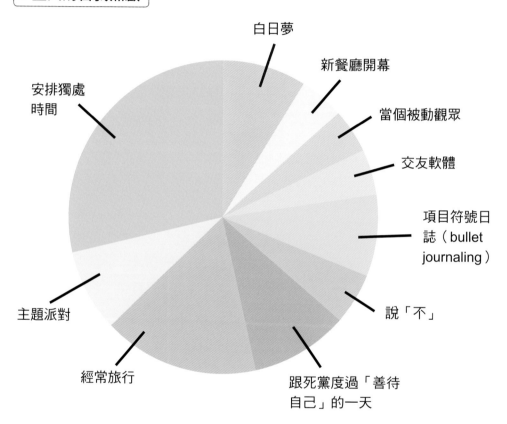

白日夢

新餐廳開幕

當個被動觀眾

交友軟體

項目符號日誌（bullet journaling）

說「不」

跟死黨度過「善待自己」的一天

經常旅行

主題派對

安排獨處時間

自我審視

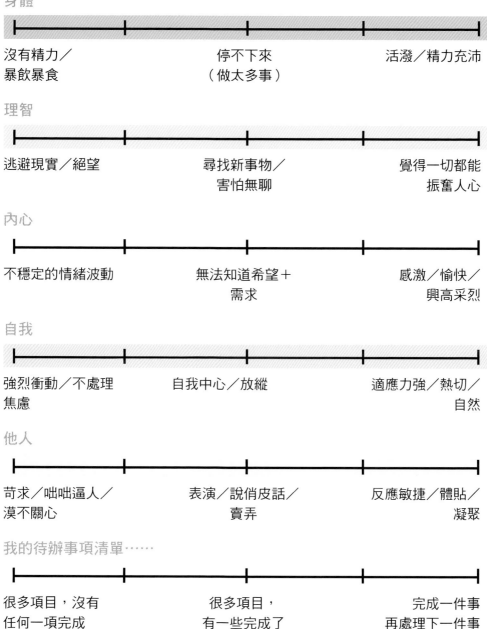

身體

沒有精力／
暴飲暴食

停不下來
（做太多事）

活潑／精力充沛

理智

逃避現實／絕望

尋找新事物／
害怕無聊

覺得一切都能
振奮人心

內心

不穩定的情緒波動

無法知道希望＋
需求

感激／愉快／
興高采烈

自我

強烈衝動／不處理
焦慮

自我中心／放縱

適應力強／熱切／
自然

他人

苛求／咄咄逼人／
漠不關心

表演／說俏皮話／
賣弄

反應敏捷／體貼／
凝聚

我的待辦事項清單……

很多項目，沒有
任何一項完成

很多項目，
有一些完成了

完成一件事
再處理下一件事

醒悟

7型人的醒悟可能主要是苦痛，是重大到無法避免的某件事。你必須明白苦痛是生命的一部分，而你必須接受它。

有位悲傷輔導師曾經建議，處理苦痛唯一的方式，就是直接經歷過一遍。這就是7型人在生命中不可避免的黑暗時刻要面對的課題。你必須培養能力，好幫助自己直接度過黑暗而不迷失。你無法避免或重構苦痛；這是沒有用的。

在生命中的某個時刻，你一定要明白苦痛是生命的一部分，而你必須接受。這不能透過理智重構，而是必須親身經歷。真正受過苦並全然清醒與滿足的7型人，跟無法處理苦痛的7型人之間，很容易看出差異，這一點在7型人身上比其他類型更為明顯。接受苦痛的7型人仍然能體現7型人有趣的特徵，但心中會多了一分寧靜與和平。

TYPE
EIGHT

8型人
挑戰者／保護者／提倡者

　　九型人格的8型人又稱為挑戰者、保護者或提倡者。他們堅強、有自信、充滿精力、誠實、直率、機智、熱情。當他們進入某個環境，通常會散發出引人注目又強而有力的存在感，讓人不可能忽視。這些強烈的性格特徵讓他們經常被認為是領導者，而他們自己也會傾向主動擔任領導者。

　　8型人比大多數人更重視有能力的權威。8型人一進入某個環境時，馬上就能注意到所有社會權力的態勢。他們可以分辨出誰有影響力，誰認為自己是老大（但其實不是），誰努力想要找到立足點，以及誰覺得自己像外人。8型人非常重視公平正義，會保護無法保護自己的人，也會讓自己不受腐敗或無能的權威侵害。

　　擁有這種光明的超能力並非沒有缺點。具有如此強大的力量，對任何事也很有影響力，這會使8型人在跟人親近時感到猶豫，擔心暴露自己真正的弱點，因此受人利用。8型人的外表冷酷，話語刻薄，又能夠看透表面之下的一切，所以他們幾乎能夠毫不費力地跟人保持距離。他們擁有非常敏感的雷達，能夠偵測出誰無能、不值得信任或軟弱。

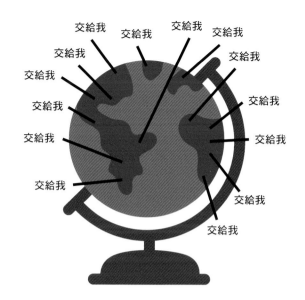

交給我 交給我 交給我 交給我
交給我　　　　　　　　　　交給我
交給我
交給我　　　　　　　　　　交給我
交給我　　　　　　　　　　交給我
交給我　　　　　　　　　　交給我
　　　　　　　　　　　　交給我
交給我
　　　　　　　交給我

　　每個人都有缺陷和自身的包袱,而8型人能夠察覺到他人的不足,會不惜代價避免受到這種情況控制,經常在過程中讓人覺得他們猜疑、厭煩、疏離。看得透澈並不一定算是他們的天賦。

8型人的世界

　　世界會變得更有效率,因為每個人的想法永遠都很坦率。由於大家都能徹底保持誠實與圓滑,所以互動會變得更簡單。我們可以省卻時間與壓力,完全不必猜測別人的想法。溝通會變得更坦誠,衝突也不會持續太久。世界會變得更為激烈(無論是好是壞),但也會更缺乏情緒以及顯露出的敏感。

　　由於每個人都扮演蜂王的角色,所以什麼事也無法完成,因為大家都不夠信任彼此的權威,不肯擔任工蜂。人們會厭惡自以為是的權威,混亂也隨之發生。

動機

8型人有一種必須堅強並表現得無往不勝的強烈衝動。8型人比其他類型更重視自主權,而他們隨時隨地都能找到不信任他人的理由。他們不喜歡出乎意料的事,也不想在最糟的情況發生時一個人付出代價。他們的本能反應是確保自己和所愛之人不受到傷害。因此,他們會變得非常機智、積極、負責。他們會在周圍隨時保持嚴密的防守,防止任何人利用他們或是受其他人擺布。

一般對8型人的誤解是他們必須掌控一切,不過他們的主要動機,其實是不想讓任何人以任何方式控制自己。無論是否主動控制他人,他們最大的渴望還是想要避免受他人控制。

陰影面

在追求被愛的過程中,受人尊敬或保持獨立通常是8型人可以接受的結果。一般對8型人而言,對方為了他們所能做到最好的事,大概就是認為他們很堅強,信任他們的權威與責任感,並且支持他們的選擇。同樣的,如果有人給他們空間,不試著控制他們,讓他們做自己想做的事,這也會使得8型人以為這是愛的最高境界。雖然這些行為通常對8型人有益也有意義,但如果把這當成結果而非追求結果的方式,8型人就無法真正獲得了解、尊敬與讚美。

這些強烈衝動與潛意識的動機,可能會導致8型人在周圍建立起高牆,例如:厭惡脆弱或軟弱,無法信任他人,為了自身安全而必須控制一切,以及相信過好生活的唯一方式就是建立一座完整的堡壘。

8型人的「原罪」或惡習是欲望。雖然欲望通常會使人聯想到性,但

對8型人而言範圍更廣。這可以是對激情的無盡渴望，或是想要投入大量的情感與精力度過人生。

　　從8型人的標準來看，大多數人在一般狀態下都是活力不足，也無法對關係提供足夠的刺激。8型人精力充沛，而且可以透過身體感受情緒。這種組合會導致8型人焦躁不安，永遠對生活的平庸感到不滿。對8型人來說，所謂的樂趣可能是一場非常激烈的爭論，或是會讓他們腎上腺素激增的高風險體能活動。

　　這些因素可能導致8型人很輕易地壓垮他人，威嚇對方，通常也會讓大家覺得他們自以為高人一等，不值得浪費時間在未符合他們標準的人身上。

8型人的完善與惡化

　　8型人處於壓力或惡化時，會向5型人的特質靠攏。他們原本敏捷、大膽、果決的能力，會變得更加緩慢、含蓄、謹慎。8型人通常很有遠見，也會勇往直前，但惡化狀態似乎會使他們的活動陷入瓶頸並中斷生產力。處於惡化的8型人會開始吸收並儲存信息，卻不會有什麼特別的輸出。他們可能會變得吝嗇，不願付出自己的時間和精力。當8型人狀況不好（無論只有片刻或是持續了一段時期），他們就會變得恐懼、偏執、遮掩。

　　值得注意的是，不是所有壓力對8型人都有害或無益。有時候某個情況的高風險會使8型人比平常更放慢速度及預備好，並且選擇讓自己做好

心理準備，而非依賴他們的直覺。

　　8型人狀況好的時候，就能利用往5型人靠攏的態勢來幫助自己，而不是妨礙自己。

　　健全或完善的8型人會向2型人的正面特質靠攏。他們會不吝付出所有的時間與精力，而且更可能相信人們好的一面。健全的8型人會接受他人的情緒脆弱、同情心與同理心。他們比較容易原諒別人，也比較能夠從別人造成的失望中走出來。完善的8型人可以將自己的力量與大膽轉而服務他人，幫助他人成長，不只是保護對方而已。他們會為了需要幫助的人拆掉看似無法穿透的隔牆。健全的8型人是不可忽視的正面力量。

警告標誌

過度情緒化　　管太多　　保留精力　　恐懼

遮掩　　「朋友」或「敵人」　　脾氣火爆　　疏離行為

深入探究8型人

九型人格辭典：有用的8型人語言

✦ **信任圈**（Circles of Trust，名詞）：8型人很習慣人們無法應付他們最真實的自我。因此，人們通常要花更多時間才能贏得8型人的信任，原因是8型人不想耗費精力在只會害怕他們或忽視他們的人身上。8型人會將他們接受的人納入圈子，非常保護對方。這些「信任圈」也有許多層級。一位8型人通常只會讓一至三個人進入最內圈。

✦ **激情**（Intensity，名詞）：8型人天生就比大多數人更投入於生活。他們能深刻感受到事物，也擁有許多熱情。8型人當然會有強烈的憤怒，但通常是他們的激情被誤認為憤怒，原因在於大部分的人都不像8型人那樣「激情」與熱情。

✦ **8型人嫉妒**（EIGHT Envy，名詞）：很多人都會羨慕8型人的力量、決心、強大的存在感，以及冷靜。有些1型人、3型人、6型人想要擁有8型人的力量與弱點，更甚於自己的特質，所以會宣稱自己是8型人。雖然其他類型也會發生這種現象，但即使是稍微往完善方向靠攏的8型人，通常都能立刻認出這種「8型人嫉妒」。

✦ **衝突的親密**（Confrontational Intimacy，名詞）：8型人會將爭吵視為一種交流的方式。對此沒有覺察的8型人，並不明白這種交流會使其他人害怕，也不會注意到他們的攻擊並不正當，而且經常令人

難以忍受。他們可能會以進攻為樂，當成是在「開玩笑」。

✦ **浩克模式**（Hulk Mode，名詞）：大多數8型人可能會告訴你，他們其實不喜歡衝突，也不喜歡「抓狂」。他們渴望的是激情。當對方無法表現出能跟他們匹配的強烈能量，8型人就會想辦法讓局勢緊張，得到他們想要的反應。8型人就像布魯斯・班納／浩克一樣，必須承認自己的侷限；他們不是無敵的。

子類型

✦ **自保（SP）8型人**：自保8型人非常務實，而且會盡量不離開他們的人際圈太遠。他們會以鐵腕手段統治自己的小片領土，並且希望這片領土的城牆滴水不漏。自保8型人防衛性的本能衝動以及偶爾爆發的憤怒，可能會顯現在看似微小的事情上，例如詐騙電話、討厭的噪音、未經過審查的外人，或是沒替大家點足夠食物的人。自保8型人跟其他8型人一樣非常保護身邊的人，但他們不會誇耀自己所做的一切。

✦ **性愛（SX）8型人**：性愛8型人是8型人中最常見的性格，也是最激情且最有活力的。他們通常會掌管一切，而且會一頭栽進不熟悉的情況中，依靠自己強烈的本能度過難關。他們對膚淺或表面的事情最沒有耐心，也比其他子類型更可能為了激情而使情況變得更加激烈。性愛8型人很容易受到領導者的角色吸引，並且體現了「你不是支持我就是反對我」的心態。他們很看重親密的關係，也非常忠誠。

✦ **社交（SO）8型人**：社交 8 型人是相反型，表示他們不會像其他子類型那樣渴望激情。他們通常會加入某個團體或群體，然後找到正當理由發揮所有影響力與熱情。因為他們具有引人注目與真心對待他人的特質，所以能夠有效地將人們凝聚在身邊。社交 8 型人能夠在團體中發揮強大的影響力，除了會有極為忠誠的盟友，也會因此產生敵人。

側翼

8W7　　　　　　　　　　　　　　　8W9

　　具有 7 型人側翼的 8 型人（8w7）精力旺盛、堅定自信、思維敏銳。他們結合了侵略姿態的兩種類型，天生就意志堅定，能夠利用自己的話語和存在感發揮極大影響力。8w7 類型非常活躍，而且似乎永遠都在做事。他們比 8w9 類型對緊張的情勢或高難度對話，更容易感到不安。

　　具有 9 型人側翼的 8 型人（8w9）通常不像 8w7 類型那樣令人望而生畏。他們體現了積極保護的「熊媽媽／爸爸」心態，不會主動找麻煩，但受到挑釁就會對你不客氣。他們比 8w7 類型更能自得其樂，也更安靜。他們很堅強、固執，非常相信自己的直覺。他們的生活不停在拉扯，一方面想要顯示自己的權威並破壞現狀，另一方面又想要維持和平與均衡。

三元組

8型人屬於身體三元組，表示他們會透過身體以直覺的方式接收信息。當8型人產生強烈的情緒，會比其他三元組的類型更能透過身體感受到。8型人對新局面能夠發揮非常強烈的本能反應，並依靠自己的直覺。

這個三元組中的每種類型，跟憤怒之間都有很獨特的關係。1型人會將憤怒轉移到外界，9型人對憤怒缺乏警覺，8型人則是沉浸在憤怒中。

有些8型人會描述自己的憤怒就像一條河，在他們全身上下不停地流動。想要成為健全與完善的8型人，就必須學會將憤怒轉化為有益的行動與正義。

姿態

8型人屬於侵略姿態，傾向於跟他人牴觸。對8型人而言，他們似乎一直有避免別人接近以及堅持自主權的衝動。人們在證明自己值得信任之前，對8型人來說都是不值得信任的。8型人堅強、有自信，知道如何滿足自己的需求，無論是誰都阻擋不了。

8型人很難明白自己的言語和行為會造成什麼影響，而他們經常會表現得比預期更為強烈。他們會在自己和同圈子的人周圍設立明確的界限，將不受歡迎的人與活動阻隔在外。在時間方面，他們重視的是未來，因為他們總會注意未來的計畫與威脅。他們知道自己要去哪裡以及該做什麼。

這一組的三種類型都會「壓抑情感」，表示他們的行為與思考較常出於意識而非情感。8型人無法自然地徹底處理或表達情感。他們是具有批判性思考的行動派，認為情感會妨礙自己。

未出現的連結

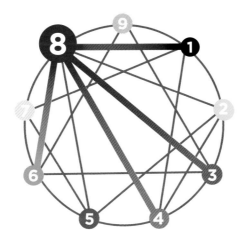

以下是8型人「未出現的連結」：

✦ **8型人與1型人**：1型人與8型人有非常強烈的正義感與道德感，並且會努力實現。他們能夠洞察事物。這兩種類型在發現事情不對勁時，都會變得非常火爆。他們都好爭辯，而且會被認為脾氣很差。他們透過身體感覺一切，討厭被操縱，能夠感受到非常深刻的憤怒。

✦ **8型人與3型人**：3型人與8型人都是天生的領袖，而他們一出現你就會知道。他們對身邊人們的深愛會轉變為行動。他們非常支持自己關懷的人。這兩種類型都很討厭沒有效率，無論任何形式都一樣：沒有效率的情感，以及人們變得情緒化又找不到解答的情況。

✦ **8型人與4型人**：4型人與8型人都曾聽過有人說「受不了」他們，或許原因是他們都非常真實。他們性格強烈，能夠深切感受，而且

情緒脆弱、喜怒無常，卻也能夠鼓舞人心、和藹待人。這兩種類型都不想花時間在膚淺或沒興趣的事情上。這兩種類型都很容易覺得被誤解。

✦ **8型人與6型人**：6型人與8型人都是堅強的保護者和守衛者。他們對人的忠誠能夠點燃自己的生命之火。你一定會想要這兩種類型的人支持你，而不是反對你。他們都很難相信權威，而且都能夠敏銳地提早發現即將到來的麻煩。

如果你愛8型人

也許你生命中至少有一位你已經愛了一段時間，並對你相當重要的8型人。請謹記以下五種照料身邊8型人的最佳方法。

✦ **別試圖壓抑他們的激情。**這個世界一直在告訴8型人，說他們令人受不了、太吵、必須冷靜下來等等。他們最不想要聽到所愛的人說出這些話。這一點對親近8型人的我們來說尤其如此，因為要是發生麻煩或情勢升溫時，我們都很希望有個充滿精力又勇敢無畏的人能夠站在自己這一邊。倘若我們只在自己需要時利用8型人的激情，對他們會是很大的傷害。他們偶爾會對你無法看清或理解的事有強烈感受，這時他們就需要你的信任。雖然他們的激情有時候會用錯方向，但即使是那種情況，你也可以傾聽他們，跟他們一起努力，幫助他們重新整理並改變方向，並且從他們的角度協助他們理解你的論點，諸如此類。叫對方冷靜通常對他們或你都沒有幫助。

◆ **徹底投入。**8型人會全部都要或全部都不要；他們不會用隨便的態度做事。他們會期望自己喜愛或尊敬的人也是如此。所以，無論你跟8型人有什麼連結，都要知道如果你告訴對方自己要做什麼，他們就會期望你付出百分之百的心力。如果對方是因為在乎而為你做某件事，他們就不會懶散或敷衍，所以對8型人保持同樣的心態，就是對他們的尊重。

◆ **給他們空間處理。**很多人都不喜歡被管太多，但8型人尤其如此。他們非常重視自主權，也不想受到他人控制。8型人堅強、有彈性、屬於解決導向（solution-oriented），而他們想要得到應有的尊重。他們大多數時間都善於解決問題，也能夠做出決策。對8型人壓抑或太過注重細節，會讓對方覺得你不信任他們。提供明確、合理的期望以及足夠的空間，則表示你信任他們。他們會知道你努力給予信任，也會很感激。

◆ **如果他們特地給你建議，請注意聽。**8型人有很強的保護本能，如果你處在他們的圈子裡，他們就會關心你，希望你能夠成功並過得好。他們通常不會隨心所欲介入他人的事。他們會介入通常都有理由，也可能是因為他們覺得可以為你的情況提供某種獨特的幫助。他們會希望你能夠處理自己的問題並具有批判性思考。他們想要你能夠照顧自己。這些渴望來自8型人極為重視的價值觀，而且對8型人來說是非常自然的行為。如果他們想要透過這些方式幫助你，而你能夠認真看待對方的建議，這對他們會有很重大的意義。

◆ **在對方停下來時告訴他們。**當8型人處於「自動化」狀態，他們對

情況的反應通常可能會是「先做再說」。這麼一來他們當然會犯錯，也看不出自己的作法錯在哪裡。8型人有一項很棒的特點，就是他們通常能夠客觀接受批評，然後繼續前進。你不必擔心8型人會怎麼看你，所以請試著回報他們。如果他們讓你生氣，你可以毫不掩飾地直接說出來。他們想聽到真正的實話。即使是不太健全的8型人也能夠接受你的批評，而且在大多數時間裡，他們會因為你不貪圖省事或不害怕破壞現狀而尊敬你。他們的生活方式就是大聲說出想法，所以偶爾也需要有人大聲給他們意見。

成功之道

認清套疊的謊言

　　無論是什麼類型的人，如果沒意識到內心的聲音與動機，就很容易掉進自己的陷阱，而這種陷阱有時候會以謊言的形式出現，讓他們錯看自己及自己的地位。這些謊言最後會變成我們的侷限，所以我們需要聽到並接受事實，才能夠跳脫出來。

> ✦ **謊言：軟弱或脆弱是不好的。**
> 事實：你是人。你有弱點，這並沒有關係。脆弱可以帶來巨大的成長與力量，也能幫助他人看清並了解真正的你。

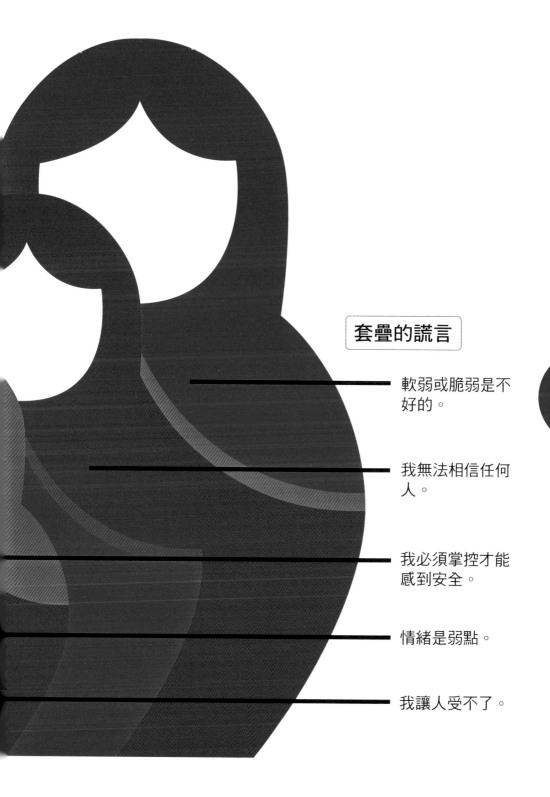

套疊的謊言

軟弱或脆弱是不
好的。

我無法相信任何
人。

我必須掌控才能
感到安全。

情緒是弱點。

我讓人受不了。

✦ **謊言：我無法相信任何人。**

事實：信不信由你，其實有人真的能力很強，又真心希望你得到最好的。你有人際關係的需求，而你不必非得是唯一能夠提供一切的人。只要你肯讓人進入內心，就會有人熱烈地愛你。

✦ **謊言：我必須掌控才能感到安全。**

事實：你不一定總是要當最堅強、最聰明、最強硬、最有能力的人，而且你也無法做到這一切。值得重申的是，有人也很堅強、能幹，而且很在乎你。

✦ **謊言：情緒是弱點。**

事實：你的力量在於你能夠坦率、明確、真實地表達自己。情緒對你和你所愛之人都是一種天賦。

✦ **謊言：我讓人受不了。**

事實：你天生就擁有許多激情與熱情，而你會成為這樣並不是失誤。當周圍的世界無法面對你的力量，損失的是他們而不是你。

漣漪效應

你的行為與傾向不只會影響自己，還會影響到許多人，如果你能注意這種影響，對大家都會更好。

✦ 當你不願保持脆弱或顯露任何弱點，其實就是在暗示身邊的人們展現脆弱並不好，以及他們必須隨時都顯得很強硬與堅強。你有很強

人的存在感與影響力，所以當你表現出「敞開心胸或卸下防備並不安全」的樣子，周圍的人就會注意到並模仿你。當你呈現出不可企及的樣貌，人們就不太可能接近你。最後這會使他人跟你的天賦隔絕，反之亦然。在努力保護自己與他人的過程中，你可能還是會受傷並對他人造成傷害。

◆ 當你只因為無聊而煽風點火且讓局勢變得更加緊張，要付出代價的不只是別人。你會變成不為什麼理由就直接製造混亂的人。這會使其他人在你身邊時小心翼翼，無法以你想要的方式跟你相處。這也會鞏固你的想法，讓你認為人們「受不了」你，不願意真正跟你互動。整個情況會演變成不良的循環，充滿自我應驗的預言，這對大家都沒有好處。要增加緊張情勢和提高音量，有很多正當又合理的原因，可是其中並不包含無聊。如果你隨心所欲地運用這種力量，那麼在需要它真正派上用場的時候，影響力就會大幅降低。

◆ 請記住，你能發揮的影響力，經常比你以為的更大。當你在任何情況都有如侵略般一再提出自己的事，就會占用過多空間，影響其他人的感受。不管有什麼情況，你都不必試圖掌控。例如，在你不信任權威的情況下，你的提議可能只是簡單的「帶我離開這裡」，但這樣仍然限制了那些跟你親近的人。在這些情形裡，你會阻止他人參與，無法提供其他的解決方法。這甚至還會限制在你照顧之下想要保護的人，因為你不讓他們對信任哪些人事物發表自己的意見。於是你變成了他們唯一信任的權威。在某些情況中，積極提起自己的事也許很合理，不過一定會造成超出你預期的漣漪效應。

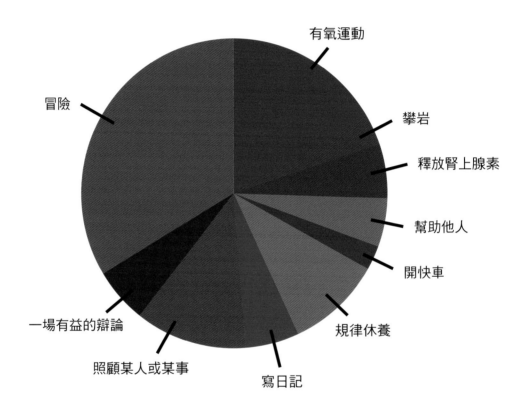

有氧運動

攀岩

釋放腎上腺素

幫助他人

開快車

規律休養

寫日記

照顧某人或某事

一場有益的辯論

冒險

自我審視

身體

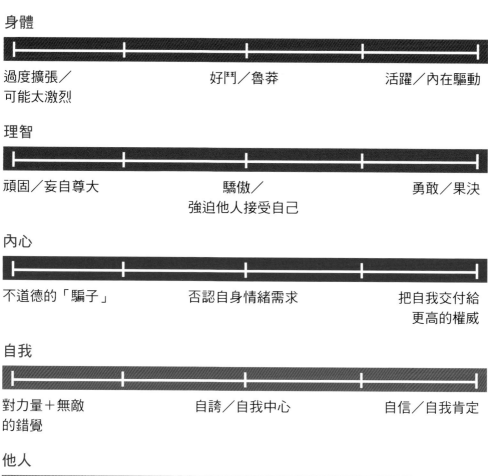

過度擴張／
可能太激烈

好鬥／魯莽

活躍／內在驅動

理智

頑固／妄自尊大

驕傲／
強迫他人接受自己

勇敢／果決

內心

不道德的「騙子」

否認自身情緒需求

把自我交付給
更高的權威

自我

對力量＋無敵
的錯覺

自誇／自我中心

自信／自我肯定

他人

無情／獨裁

支配／不包容

慷慨／保護

純屬樂趣！

浩克

鋼鐵人

神力女超人

有益的作法

✦ **同情**。8型人對弱勢族群充滿了同情。對你來說，光是公開反對世道不公還不夠；你一定會親手去做。你覺得有參與其中的必要，設身處地為你想要幫助的那些人著想。你非常有同理心。藉由參與並實際服務弱勢族群以展現同情，是你忠於自我的方式。

✦ **負責**。8型人通常會為了害怕受到控制，而避免顯露脆弱和讓人親近。為了克服你的不安全感，你必須從認識與信任的人那裡獲得責任。你需要一個有人認識你並且能讓你表現出弱點的環境。否則，你一輩子都會把真正的自我隱藏在權力的形象之下。

✦ **表達的空間**。你經常因為別人不知道該對你有什麼反應，覺得自己必須緩和一點。你比其他類型的人更有精力，也會因為無聊並想要找點刺激而找碴或使情勢更加緊張。真正對你有好處的重要作法，是找個安全的地方全力展現自己，例如你可以消耗身體的精力，跟你可以隨性相處的人在一起，或是找到宣洩創意的出口，總之你需要一個不必擔心會委屈自己的地方。

醒悟

很多人都需要某種跟習慣作法牴觸的激烈爭執或衝突，才能夠跳脫出不良的強迫模式。我們把8型人的這種醒悟描述為「軟化」。以肉質軟化為例，它必須用重物不斷強力搥打，才能獲得口感良好的質地。

8型人愈努力建立堡壘，將人們阻擋在外，你就必須用更響亮、更使勁、更沉重的力量，才能夠突破對方堅硬的外表，觸碰到真正的本性。有

些打擊過於痛苦，就連最魯莽大膽的8型人也無法忽視，而有時候也只能透過這種方式，才會讓憑直覺行事的8型人真正成長，走出他們用來隔絕人們的城牆。

　　通往自由的路就是要變得柔軟，重新發現自己的純真。對於8型人，好消息是你可以選擇如何找回自己從未擁有過的純真：透過激烈的軟化過程，或是透過微小、平緩、有意識、有意願的行動。雖然第二條路從長遠來看所受的苦痛較少，但我們知道那還是會很艱難、很可怕。這意味著要讓容易犯錯的人稍微親近你一點，或是你可能要受到某人管制一段時間。

　　降低你的防備，從本質上來說就是暴露潛在的弱點。你必須信任可能會令你失望的人。愈往純真邁進一步，就愈遠離憤世嫉俗一步。愈能表現出脆弱，就愈能離開完全包圍住你的城牆。你會在這樣的純真之中，找到自己最真實的力量。成熟的8型人能夠輕易表現出柔軟、純真及溫和，因為他們學會了控制自己的力量，而不是讓力量控制他們。這種柔軟的影響力可以真正改造你和所屬的任何群體。

8

TYPE
NINE

9型人

和平者／調解者／和諧者

　　九型人格的9型人又稱為和平者、調解者或和諧者。他們隨和、有耐心、討人喜歡、冷靜沉著、輕鬆自在，而且令人安心。他們也有出乎意料激烈的一面，但不會每天都顯現出來。

　　9型人有很強的和平與和諧傾向。他們一進入某個環境就能夠注意到緊張感，其天賦是能夠依據形勢遠離或解決這種情況。他們天生就可以看清並理解雙方的說法，讓每個人都覺得自己受到支持，聲音也能被聽見。

　　在電影中，只要情勢變得更緊張。9型人就會在心理上或身體上停止運轉。他們會感受並承受其他人的壓力。9型人就像托爾金《魔戒》系列中的哈比人，真心滿足於和平、寧靜、美食，以及生活中簡單的幸福。他們通常不會特別想要來一場大冒險。9型人的主要渴望是避免麻煩或受到打擾。

　　9型人反映在外表的平靜，不一定代表了內心的感受。在不斷躲避衝突或緊張的過程裡，他們會在無意中壓抑那些需要耗費過多精力處理的負面想法或情緒。他們逃避負面的事物愈久，就愈可能變成一座等著爆發的火山。雖然他們不想堅持主張與擾亂現狀，但最後還是會陷入各種他們不願參與其中的討厭情況。由於他們太習慣活在灰色地帶了，所以看清所有觀點的能力，反而會導致他們優柔寡斷並產生內在衝突。

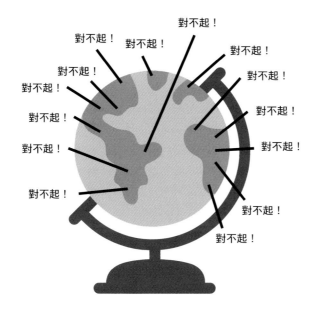

9型人的世界

　　世界將變得更平靜、更緩和，也不會那麼極端。戰爭永遠不會發生，因為沒有人會挑起事端，大家都會聽從彼此的意見。人們會不斷地道歉，而且經常是為了從未發生過的事，此外，每一個人都更能聆聽各方的看法。大家都會親切地接受一切，世界在表面上會變得更宜人，也更和平。然而在表面下，每一個人都會充滿被動攻擊與壓抑的怒火。再也沒有人會說出真正的想法，一切都會變得不精確，而且由於沒有人能夠做出決定，所以事情永遠無法完成。

動機

　　9型人對安寧與平靜的渴望，其實是一種不斷想要跟世界保持和諧一致的強烈衝動。他們的本能反應永遠是選擇阻力最少的路，在處理麻煩

時，通常也會比其他類型付出更少的精力。9型人會努力去做能讓自己高興的事。他們不想製造麻煩或遇到麻煩。

9型人很常（但不一定總會）有數百則未讀的訊息和電子郵件。處理待辦清單的事項時，對處境沒有覺察的9型人會依據方便性而非重要性來完成項目。他們不喜歡被催促，這經常導致他們的言談與行動變得緩慢而不著邊際。會出現這些模式，主要是因為9型人認為他們沒有足夠的精力、素質或毅力，去處理面臨的問題。他們的潛意識防衛機制會躲避緊張局勢並尋找任何貌似和平與和諧的假象，不在乎表面之下發生的情況。

陰影面

基於眾多原因，9型人在真正尋求愛、認同與理解時，會滿足於把停戰當成最後的結果，不再繼續追求真愛與歸屬感。9型人很樂意退而求其次，原因可能是他們不相信自己真的值得、覺得要處理表面下的情況太過麻煩、缺乏精力，或是他們非常容易感到滿足。你甚至可以說他們樂於接受安定。

對此沒有覺察的9型人，追求「只有在表面上」的和平，這不能代表現實，卻是他們想要的，因為他們不必付出那麼多精力。了解並根除表面下的不良習慣與想法，對9型人而言是很可怕的過程，原因是當中充滿了未知與挑戰。他們認為這種追尋就像穿越地雷區，所以寧願待在原地，相信只要沒引發爆炸，大家就會相安無事。

9型人會有許多不真實的想法，但那些想法對他們的生活仍然影響很大。例如，他們認為自己的聲音與存在不重要；不應該讓任何人或任何事配合自己的意願；他們必須適應逆境，不然就是自私；他們沒有做出困難決定的特質；他們必須維護和平，這比注意自己的需求更重要；沒人會真

正注意或在乎他們。

9型人在早期就已經學會把躲避與化解衝突當作生存策略，以至於變成了他們的首要作法。因此，他們身邊的每個人都習慣把他們視為中立與合理的存在，無論自己是對是錯，他們都會肯定並認可自己。我們習慣於將9型人視為理所當然，而他們也會把我們間接傳達出的訊息，內化為自己的觀念。

在9型人這些複雜的動機與行為當中，最核心的缺陷（或稱為「原罪」）就是懶惰（sloth）。懶惰可以是身體上的怠惰，例如讓枯燥乏味的工作愈堆愈多（因為9型人缺少處理好事情的精力或自信）、連續好幾個小時或好幾天都離不開舒適的私人空間，或是讓他們的外在世界變得雜亂又沒有條理。然而，這裡指的通常是偏向內在的懶惰、缺乏主動，以及不願意耗費精力。

他們的懶惰可能會以社交懶惰的形式顯現出來，也就是如果沒有必要，他們就不會特地去探訪別人或找人交談。他們表現出來的可能是人際懶惰，也就是不想處理衝突，因為這樣必須耗費大量精力，又會感到不安。其他形式也可能是職業或情境方面的懶惰，亦即他們太習慣普通或低於標準的現狀，因為維持比改變更容易。

如果9型人未意識到自己的傾向，他們的許多行為（或不作為）就會受到懶惰支配。懶惰也是一種防衛機制，因為9型人會試圖保護自己，不讓自己覺得無法應付真正的問題。

9型人的完善與惡化

當9型人短暫或長期處於惡化或壓力狀態，就會顯現出一些6型人的特質。他們平常冷靜從容的行為可能會變得偏執、焦慮、防衛。他們的大腦會急速運轉，充滿想法與恐懼，而不是像平常那樣緩慢思考。

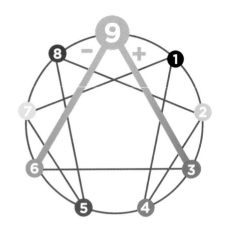

9型人對緊張或關係突然改變時的預設反應，是解決問題、相信對方好的一面，或者在大多數情況下忽視自己可能產生的任何負面感受。在壓力發生的瞬間或在惡化的一般模式中，9型人會更容易做最壞的打算，並且不必要地從內在加劇緊張情勢。他們在潛意識中認為「自己並不重要」的想法會浮現出來，對他們的想法和行為產生更大的影響。

9型人出現6型人的特質，並不一定是不好的。對9型人而言，當生活的情況變得更有壓力或風險更高，他們就會展現出6型人的特質。有時候，人們必須預期可能會出什麼差錯，並且針對那些情況制訂計畫。如果9型人碰到會增加壓力的重要專案、任務或其他人生大事，6型人高速思考、尋找潛在威脅、對情勢擔憂的這些特質，就能讓9型人保持敏銳和警覺。不是所有壓力都代表惡化。

健全、完善的9型人會往3型人的正面特質靠攏。他們原本容易退縮並抑制渴望的模式，會變得更加主動。9型人狀況好的時候，他們的思考會變得敏銳、果決，也會迅速採取行動。他們明白自己有價值，能夠做出貢獻，而且他們的聲音值得被聽見。他們清楚知道自己渴望的和諧是什麼，以及如何才能達到目標，因此他們會更有意願，也準備好為了和平而

分析癱瘓／
過度思考

容易激動

找麻煩

偏執

麻醉

麻木

退縮

最壞情況的思維

堅持主張。依直覺行事的9型人由於不想被打擾，所以對周圍的世界經常漠不關心，可是當他們往3型人的健全特質靠攏，就會跟環境與內在有高度互動。通常使他們陷入困境的懶惰會轉變成行動、實行，以及找到自己的聲音。

深入探究9型人

九型人格辭典：有用的9型人語言

✦ 結合（Merging，動詞）：9型人有一種「結合」或融入他人的傾向，這表示他們可能會為了和平而同意或支持某人，但事實上他們並不同意對方。類似的情況也可能是同意一項他們不想做的活動，或是照著別人而不是自己的方式去做某件事。

- **心靈密室**（Inner Sanctum，名詞）：9型人一輩子都在為了維持外在與內在的和平而筋疲力盡，所以他們的特點是會在腦中休假一陣子；腦中就是他們的「心靈密室」。

- **遙遠的凝視**（One-Hundred-Mile Stare，名詞）：9型人偶爾會給人心不在焉或有點困惑的印象。如果身邊沒發生什麼事，他們就會脫離現實。他們甚至可能在大白天突然睡著。9型人在對話到一半時突然出神，就會露出「遙遠的凝視」。

- **麻木／麻醉**（Numbing/Narcotizing，動詞）：9型人的防衛機制是透過任何事「麻木」或「麻醉」自己，例如看網路影片、發呆、食物、運動，甚至是像毒品這種更危險的東西。由於他們覺得自己沒能力面對生命的許多挑戰，所以會透過某種成癮行為來逃避。9型人會從外界尋求這些刺激物與強烈的感覺，是因為他們覺得自己很難受到激勵。

子類型

- **自保（SP）9型人**：自保9型人比其他子類型更重視習慣。他們喜愛可以感知又能讓他們舒適的事物，例如吃東西、睡覺、運動或閱讀。自保9型人最符合大家對9型人的刻板印象，他們想要徹底活在自己感到愜意的小世界，裡面充滿了許多笑聲、美食、安詳、寧靜。自保9型人會在習慣中找到慰藉，因為他們透過習慣就能以可預測的方式過生活，將處理新挑戰所需的精力減到最少。當自保9型人的節奏被打斷，因而必須耗費精力處理不想面對的挑戰，他們可能就會變得灰心與暴躁。

✦ **性愛（SX）9型人**：性愛9型人渴望激情與冒險，比其他子類型更容易興奮。他們更傾向於結合（merging），也會對一些密切的關係這麼做。9型人可以間接透過這些重要的關係去感受、探索、生活，而他們很難一個人獨處。他們很可能會一下覺得狂野愛冒險，一下又想要撤退到自己的內心世界裡。自保9型人可能完全沉浸在習慣之中，性愛9型人則可能完全沉浸於親密關係裡。

✦ **社交（SO）9型人**：許多社交9型人的表現完全不像其他9型人，因為他們愛好人群。由於大家都覺得他們自在愉快，又可以在社會團體之間輕鬆來去，所以會認為他們像7型人。為了調解或使人們和好，社交9型人可能會想要擔任團體裡的中心角色，而且在過程之中忘了自己。他們屬於相反型，這表示他們不會像性愛型與自保型那樣懶惰。他們不會讓懶惰掌控身體，而是藉由讓自己在身體上與社交上忙碌，來壓抑並避免內在問題。他們似乎認為將和平與和諧帶給身邊的人，自己的內在世界也能因此獲得和平與和諧。

側翼

9W8　　9W1

具有8型人側翼的9型人（9w8）一直活在緊張感中，一方面渴望維持和平，一方面又渴望改變現狀，破壞他們所面對的不公平。他們有時會覺得自己像是兩個不同的人，輪流控制著自己的言行舉止。9w8類型通常比9w1類型更為堅定自信、更會表現出熱情、更反對權威。

具有1型人側翼的9型人（9w1）也一直活在緊張感中，一方面渴望不被生活打擾，一方面又渴望改正他們碰到的所有不公平之事，而要這麼做就必須採取行動，也會對他們造成麻煩。他們比9w8類型更專注於內在、更具理想主義、更有條理、更有責任感。9w1類型通常都能夠發揮組織能力。他們「順應潮流」的性格通常有某些方面較僵硬且結構嚴密。

三元組

9型人屬於身體三元組，這表示他們會透過身體以直覺的方式接收信息。他們的第一反應通常來自身體，即使是瞬間發生的反應也一樣。他們對該做什麼有強烈的直覺，儘管他們不一定都會採取行動。9型人也會透過身體感受情緒，尤其是他們加諸在自己身上的緊張感。

憤怒是這個三元組裡所有類型的主要激勵因素。9型人對自己的憤怒缺乏警覺。他們經常忽視或壓抑憤怒，因為覺得壓抑比發洩更節省精力。在大多數時間裡，9型人都會下意識忽視自己的憤怒，而他們可能在觸發憤怒的事件發生幾分鐘、幾小時或甚至幾天後，才明白自己很生氣。有時候9型人知道自己能夠從身體的某處感覺到憤怒。

姿態

9型人屬於退縮姿態。他們是以遠離他人為導向，有退卻到內心世界的強烈傾向。9型人很多時候都活在自己的內心世界裡。他們很容易就沉浸於自己的想法，在想像之中度過完整的場景，甚至在未實際跟人溝通的

情況下就平息或解決了衝突。如果有人太強迫9型人接受任何事，他們也會為了維護自主權而退縮。

退縮姿態的三種類型都會壓抑行為，這表示比起「做」或行動，他們更偏向直覺地思考與感受。他們的心智通常深沉、聰穎、敏感，而令他們掙扎的主要是讓自己投入情況，並且將自己的意願強加於周遭環境。

即使9型人屬於身體三元組，他們還是會壓抑行為。他們對於情況有身體上的直覺反應，不過他們的下一步通常是壓抑而非採取行動。

未出現的連結

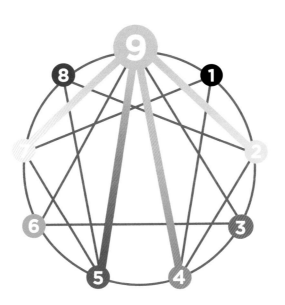

以下是9型人「未出現的連結」：

✦ **9型人與2型人**：2型人與9型人都是無私的類型。9型人是因為想要維持和平（以及不被干預）而忘了自己，2型人則是隱藏在性格

較為強勢的他人後方,藉此找出自己以及關係的價值。這兩種類型都有同理心、慷慨大方、肯為他人效勞,而且都會很難說不。他們各自有感受他人感受的方式。

✦ **9型人與4型人**:4型人與9型人都沒有徹底的歸屬感。因此,他們會傾向於只關心自己,並且表現得很戲劇化。他們屬於退縮姿態,都是以過去為導向,會表現出懷舊之情。這兩種類型也都熱愛故事,尤其是能夠讓他們逃離到其他世界的奇幻故事/小說。

✦ **9型人與5型人**:5型人與9型人都屬於退縮姿態,有強烈的逃避傾向。他們注重隱私,含蓄內向。他們是很好的傾聽者,會保守他人的祕密,也會建立認知距離以保持安全。這兩種類型都是敏銳深刻的思考者,喜歡能夠刺激思維的對話和主題。這兩種類型也都非常重視睡眠。

✦ **9型人與7型人**:7型人與9型人表面上看起來沒有太多共通點,不過這兩種類型都非常會逃避痛苦。他們喜歡玩樂、大方慷慨、多才多藝,而且適應性強,能夠順應潮流。這兩種類型也都讓人覺得容易分心與注意力渙散。

如果你愛9型人

也許你生命中至少有一位你已經愛了一段時間,並對你相當重要的9型人。請謹記以下四種照料身邊9型人的最佳方法。

✦ **別打斷他們。**9型人的困擾是一直覺得自己的聲音與存在並不重要，所以他們經常感到猶豫，不敢提出意見或擔任重要的角色。當你打斷他們或搶話，就是在傳達一種隱含的訊息，告訴對方，你說的比較重要，而他們要說的內容以及他們的聲音比較不重要。聽9型人的話對我們都有好處，因為他們善於傾聽雙邊的聲音，能夠幫助我們考量自己通常不會想到的觀點。如果我們在9型人說話時搶話，也不聽他們想說什麼，這對大家都沒有好處。別阻止他們表現自己。

✦ **給他們空間表達主張。**9型人不太敢表達不得人心的意見或是以任何方式破壞現狀。如果你有親近的9型人，或許你會比其他人更能夠分辨出他們是否不高興或感到洩氣。他們從來就不想吸引任何注意，儘管你知道他們有重要的話想說。有時候你必須替他們代言，說出他們自己不願意說的事，但通常對他們最好的還是能夠自己表達。如果9型人想要說什麼，其他人卻不聽，請將你的注意力轉移到他們身上。如果他們感到猶豫，請認同並鼓勵他們說出來。如果他們知道自己想說什麼，卻不知道怎麼表達，請當他們的測試對象，並且幫助他們思考該在何時發言。給9型人空間，不只會讓他們覺得自己受到認同且很重要，也能大幅幫助他們成長。

✦ **如果你跟他們發生爭論，請發揮耐心並堅持下去。**正如我們在本章先前提到的，9型人不喜歡衝突。然而，透過明理與成熟的方式處理衝突非常重要，這可以幫助包括9型人在內的所有人成長，跨越自己目前的侷限。即使你認識的9型人想要避免跟自己有關的衝突，還是要處理衝突才對大家有好處。9型人一般都想選擇阻力最

少的路，而衝突會引發阻力。如果你認為他們在生你的氣，你必須非常堅持才能讓他們表達出來。如果他們真的表達了，請認真看待對方。如果他們當下什麼都沒說，請繼續堅持。他們偶爾要經過非常久的時間，才能逐漸接受自己對衝突的感覺。請記住他們對緊張的反應跟你不一樣，所以從他們的角度出發，能夠幫助你們雙方解決問題。

✦ **把他們當成重要的人對待。**9型人在潛意識裡覺得自己對任何人都不重要，自己心裡的聲音也不會說他們是重要的人。他們非常樂於助人，會特別確認避免對身邊的人造成麻煩。如果我們未意識到自己的行為或關係，就極有可能輕率地在9型人說話時搶話，刻薄地對待他們，並且將他們視為理所當然。要向9型人展現你的愛，就大聲清楚地告訴對方，你非常重視他們，他們值得你多花心力，你會注意到他們說了與做了什麼，以及你想要他們在身邊。他們不會急著把自己擺在第一位，所以有些時候他們會需要你的幫助來離開困境。

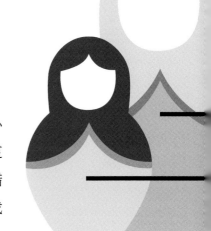

成功之道

認清套疊的謊言

　　無論是什麼類型的人，如果沒意識到內心的聲音與動機，很容易掉進自己的陷阱，而這種陷阱有時候會以謊言的形式出現，讓他們錯看自己及自己的地位。這些謊言最後會變成我

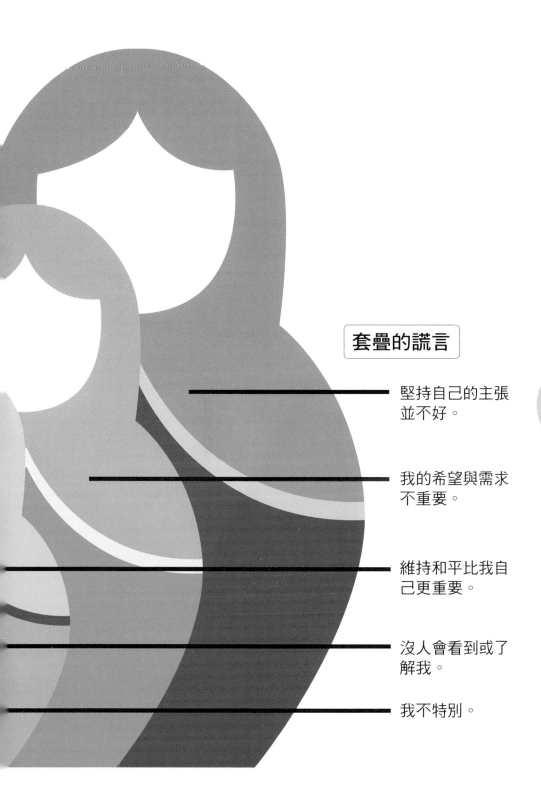

套疊的謊言

堅持自己的主張
並不好。

我的希望與需求
不重要。

維持和平比我自
己更重要。

沒人會看到或了
解我。

我不特別。

9

們的侷限，所以我們需要聽到並接受事實，才能夠跳脫出來。

✦ **謊言：堅持自己的主張並不好。**
　事實：堅持自己的主張並沒有不好，因為你跟世界上任何人一樣都有權這麼做，而且如果這不是你平常會做的事，大家可能更會注意到你。性格健全、愛你並尊重你的人，會在你堅持主張時給予敬意。

✦ **謊言：我的希望與需求不重要。**
　事實：你的希望與需求跟其他人一樣重要。你重視的人也會有希望與需求，而你跟他們一樣有價值。

✦ **謊言：維持和平比我自己更重要。**
　事實：雖然雙方停戰，但你的問題未解決、聲音未被聽見、內心未得到滿足，這種「和平」就不算真的和平。這只會再次導致緊張或混亂，無法解決爭端。你內在的安心感是不可或缺的要素。

✦ **謊言：沒人會看到或了解我。**
　事實：人們想要聽到你的聲音，也喜歡跟你在一起，比你以為的還要更多。你能帶來人們所渴望的和平與穩定。

✦ **謊言：我不特別。**
　事實：你背負著驚人的沉重壓力，而且你比大多數人更了解和平與和諧。你的同理心是真正的天賦，而你內心的熱情總會讓人驚喜。

漣漪效應

　　你的行為與傾向不只會影響自己，還會影響到許多人，如果你能注意這種影響，對大家都會更好。

◆ 逃避衝突通常不是好習慣，而且因為你逃避而付出代價的人，不是只有你。雖然在特定情況下，衝突最後會隨著時間化解，但更常出現的是問題越久未處理，情況就會變得更糟。逃避小問題，只會把忽視大問題變成你的預設反應。衝突通常都包含了另外一方。如果你沒解決跟對方的緊張關係，他們就只能猜測關於你的事、你的意圖、你對他們的想法等等。如果你不在衝突情況中插入自己的聲音、意見與存在，那麼你的關係經常會變得比之前更糟。在你自己心裡解決衝突，並不表示對方的衝突也確實解決了。

◆ 很多9型人都善於表現得幾乎對任何情況都能感到滿足，而且對任何事都不會抱怨。這是一種很棒的特質。然而，這會讓其他人很難確認你是否真的感到滿足，或者你只是為了不想讓場面難看而結合、逃避或壓抑。對於你實際想要什麼或是有什麼困擾，如果你不提供一絲一毫的線索，那麼身邊的人就只能猜測、感到洩氣，並且懷疑你是否真的在乎。如果有人問你想要什麼或有什麼想法，通常他們是真的想要知道你的答案。跟你親近的人，很可能遠比你以為的更願意順應你的渴望。有時候你不想破壞現實，但這其實會比你說出不得人心的意見，造成更多關係緊張。

◆ 我們知道你經常覺得自己的存在和聲音其實不重要。當你將自己從關係中剔除並對這個想法確信不疑，人們就會注意到並做出相應的反應。有時候他們會更想追逐你，超出你所能接受的程度。有時候

他們會開始認為關於你的事並不是真的。有時候他們會因為你在關係中的缺席而受傷。有時候他們會繼續過下去，假裝你不存在，因為你並不想出現。這整個過程會開啟一道非常危險的循環，進一步加深你的信念。你身邊的人需要你出現，而你自己也需要。當你將自己從關係中剔除，其他人自然就會牽涉其中，也一定會失去某種重要的東西。

9型人想要受到照顧，想要得到認真對待，而他們不想被催促或被施壓。他們需要你傾聽，陪伴他們度過難關，也需要你在跟他們發生衝突時，告訴對方你仍然愛他們，告訴他們一切都會沒事。

有益的作法

✦ **放手**。9型人會覺得放棄很有挑戰性。「放手」是解放我們的訓練，讓我們放下了總是需要按照自己的方式行事的負擔。9型人經常不會意識到自己緊握不放的憤怒與緊張，所以練習識別並釋放這些負擔，就能夠幫助9型人找到真正的平靜。

✦ **到大自然漫步**。步道、健行、登山、單車、慢跑，或是在公園或海灘上散步，這些都能幫助9型人恢復平衡的狀態，找回安寧與平靜的感受。大自然會提醒他們，雖然這是個混亂的世界，但生命是有自然秩序的。你會想起世界比你和你煩心的事更大上許多，而且一直都是如此。

✦ **調解**。9型人不該覺得他們想要幫助他人解決衝突的渴望是件壞事。想辦法運用這種天賦吧。這對你來說會很困難，因為你必須投

入並參與人際關係中的混亂地帶，但如果你想要幫助身邊的人，這是最自然的方式。

✦ **承認需求與渴望**。每個人都有需求，每個人都有渴望。9型人要找到自己的聲音，其中一個關鍵要素就是確認並主張自己的需求。你可以每天在日記裡寫下兩、三個簡單的需求或渴望，就這麼容易，卻是你成長的關鍵，能夠讓你騰出空間，思考清楚自己想要和需要什麼。

9型人的自我照顧

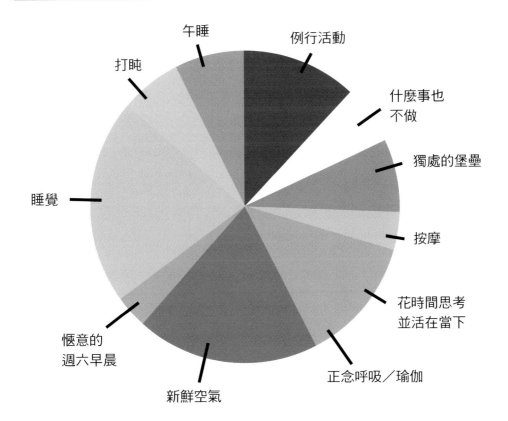

午睡　例行活動
打盹
什麼事也
不做
獨處的堡壘
睡覺
按摩
花時間思考
並活在當下
愜意的
週六早晨
正念呼吸／瑜伽
新鮮空氣

自我審視

身體

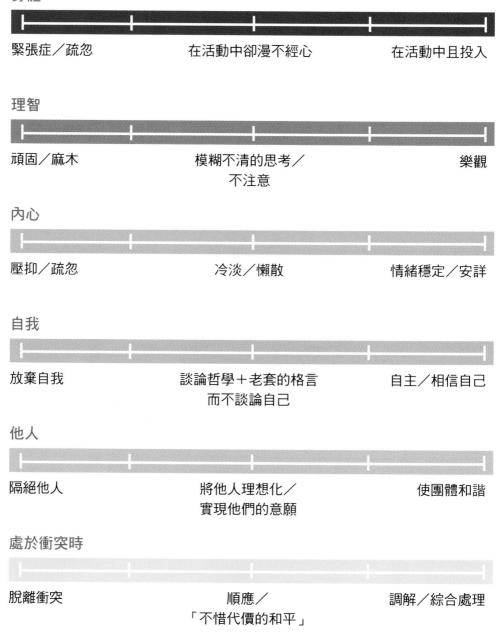

| 緊張症／疏忽 | 在活動中卻漫不經心 | 在活動中且投入 |

理智

| 頑固／麻木 | 模糊不清的思考／
不注意 | 樂觀 |

內心

| 壓抑／疏忽 | 冷淡／懶散 | 情緒穩定／安詳 |

自我

| 放棄自我 | 談論哲學＋老套的格言
而不談論自己 | 自主／相信自己 |

他人

| 隔絕他人 | 將他人理想化／
實現他們的意願 | 使團體和諧 |

處於衝突時

| 脫離衝突 | 順應／
「不惜代價的和平」 | 調解／綜合處理 |

醒悟

　　如果9型人不處理自己不健全的模式和習慣，最後可能會逃避各式各樣的困難與問題，直到惡化成孤立、憂鬱及破碎的關係。當這類經驗發展到極端，就會喚醒夢遊般過生活的9型人。有時候醒悟會是大到無法忽視的衝突，或是帶有太多未解決的緊張感而在許多方面擊垮了你。可能要發生極端的情況才會讓9型人跳脫壓抑問題的強烈衝動。你可能要經歷重大事件才會發表意見並改變現狀。

　　9型人每天都在面臨選擇，一邊是繼續不知不覺地惡化，一邊是脫離這些習慣，採取果決的行動。9型人可以透過緩慢逐步的方式學會這些課程，或是透過痛苦、劇烈的方式。如果是前者，就會看見阻力，但還是要朝著阻力前進。你必須深刻審視自己、你的關係以及其他情況，找出並根除造成阻力的模式。為了培養新的觀念，你必須打破一些根深柢固的習慣，例如你必須放眼未來，選擇真正的和平，而不是眼前速成的和平。

　　9型人有機會在每一天透過微小簡單的方式採取果決行動。你愈選擇這種較為困難的作法，就愈能夠調停及解決愈來愈大的問題。你將會成為你所追求的和平。

　　成長之路不但能為9型人帶來真正的和諧，也能為他們周圍的世界帶來真正的和諧。9型人每天都有機會將自己最深沉的渴望，轉變成對世界最有益的天賦。

成功之道

　　九型人格可以透過美麗與痛苦的方式剖析我們。很多時候，當某個人發現自己屬於哪一類型，發現自己最深切的動機與核心缺陷，就會感受到極度的憤怒、羞愧或煩惱。現在要怎麼辦呢？你知道自己的類型，學會了一些新語言，你也聽到一些成長的挑戰。接下來呢？

◆ **別讓九型人格成為不良行為的藉口。** 我們希望你能發掘一些你一直相信的謊言、一直困擾著你的壞習慣，或是你一直在告訴自己的不當言論。現在你的工作是用事實擊敗那些謊言、捨棄惡習，並且改正你心裡的不當言論。別把九型人格當成繼續維持壞習慣與傷害行為的藉口。現在你懂得更多，就要做得更好。

◆ **別被你的類型制約。** 關於你以及如何向世界呈現自己，我們只是提供其中一個面向而已。九型人格不可能告訴你關於你這個人的一切。雖然九型人格極有幫助，但並不是一切。

◆ **別將其他人歸類。** 如果你有興趣了解身邊的人，請花點時間深入研究九種類型。這會幫助你更明白人們如何以不同的方式看世界。立刻停止將這些類型投射到你所愛的人身上。沒人喜歡這樣。

✦ **別強迫其他人接受九型人格。**這並不是獲得自我覺察與個人成長的唯一途徑。這並不是能跟所有人都產生共鳴的工具，沒關係的。

✦ **尋求幫助。**也許你在這本書中發現了一些殘酷的真相，而你必須向專業人士吐露心聲。請一定要這麼做！請找到能夠陪伴你、幫助你走過這段旅程的人，例如諮商師、心理健康專家、靈修指導或其他有經驗的倡導者。我們全都需要幫助，而且我們都在同一條船上。

✦ **別在直覺發揮作用時太苛責自己。**即使你認為在九型人格方面已經「做了該做的事」，發生重大事件時，你還是很可能掉進舊習慣或處於惡化狀態一段時期。對自己寬容一點。這是一趟旅程，當然會有起起落落。

到最後，請記得自我知識並非終點，而是帶領你成長的起點。無論你如何運用這項新知識，我們希望都是為了好事，也是為了成長。你現在知道更多術語，也更明白我們生而為人的道理。請藉此多發揮同情心與同理心。請運用這項知識凝聚人們，並以全新的視角看待你身邊的人。

希望你讀這本書會跟我們寫這本書時一樣開心。謝謝你相信我們，願意花時間學習。歡迎隨時在 Instagram 上聯絡我們，提出你的問題與意見：@justmyenneatype

你的朋友
——喬許和莉茲

誌謝

　　首先最重要的一點，我們必須感謝 "Brain Trust" 群組對話的成員 Jamie、Hilary、Rachel 和 Will。感謝你們一直提供歡樂與見解，讓我們能夠深入認識九型人格。你們的幫助讓九型人格成為大家相互發現的過程，而且我們永遠都能透過你們每個人學到愈來愈多關於自己與世界的新知。謝謝你們從一開始就一直是喬許最棒的朋友，也謝謝你們敞開心胸接納莉茲。

　　給我們在 Eastbrook 的朋友，他們在我們教第一堂課時，每週都會出現來支持我們：Mac、Ethan、Lisa、Audrey、Liz、Zack、Gabe、Eric、Isabelle、Jewel、Jessie、Erik、Kristen、Jonna，也謝謝 Eastbrook 提供我們教學的平台。你們從最初的支持，到讓我們的 Instagram 帳號成真，接著也讓這本書成真。

　　給 Quarto 的整個團隊，尤其是 Amanda、Marissa、Jessi、Lydia。非常感謝你們聯絡我們，將這個平台託付給我們，也為我們找到方式觸及更多受眾。

　　給喬許的家人。感謝我的父母 Tim 與 Ellen，我的兄弟 Jamie，我的姊妹 JoJo，感謝 Judy 阿姨和 Andy 叔叔，以及我的表親 Stephen、Amy、Ben、Alyssa、Joey、Grace、Isaac、Rachel、Emma、Maddie，謝謝你們一直最支持我，總是關心我的寫作進度，並且將我形塑成現在的樣子。你們永無止境的支持對我有巨大的影響。

給莉茲的家人。我的父母 Ruth 和 Nick 一向很支持我的新計畫與嘗試，對這本書也不例外。每個人應該都有像他們這樣棒的父母。給 Andrea 和 Tyler，謝謝你們不斷支持也一直餵飽我。感謝 Saige、Harrison、Lorelai，他們帶給我的歡樂無可言喻。感謝每天都支持我的家人：Becky、Lisa、Audrey、Jill、Leah、Jessie、Hannah。

給介紹我們認識九型人格的 Camille 與 Brandon。Camille，謝謝妳讓一位年輕、渙散、過度擴張的 2 型人知道，放慢速度與自我覺察大概是我所做過對其他人最有幫助的事。Brandon，謝謝你以創新的方式提供了深切的事實，並且永遠都在挑戰與激勵我這個 5 型人。你們對九型人格的深刻知識以及你們的智慧，改變了我們的生命。謝謝你們。

給幫助促成這些章節的人。1 型人，Hil、Zack、Erica；2 型人，Alice 和 Jazzy；3 型人，Will 和 Kristen；4 型人，Chris、Mac、Alyssa；5 型人 Kristen；6 型人，Judy 阿姨、Jamie、Rachel；7 型人，Brandon、Rachel、Liz、Nic；8 型人，Luck 和 Isaac；以及 9 型人 Jamie。謝謝你們讓我們更深入理解，也提供更精確的語言。因為有你們付出的時間與慷慨大方，我們的寫作內容才能更清楚、更有連結，也更具洞察力，所以謝謝你們。

給走在我們前方的九型人格導師，特別是 Richard Rohr、Beatrice Chestnut、Chris Heuertz。可以列出的人實在太多了，而我們每天都很謙卑地扮演著將九型人格推廣給全世界的角色。我們希望能夠正確無誤地呈現九型人格，並且非常謹慎仔細地教學。

最後，給在 Instagram 上追蹤我們 @justmyenneatype 帳號的所有人。我們的努力得到好多人欣賞、內化與提倡，大家也會對我們表現支持、傳送打氣的訊息、提供新的想法，而且為了成長而面對挑戰，這實在讓我們驚歎不已。謝謝你們支持我們並跟我們保持聯繫，如果沒有你們，就不會有這本書。

索引

6~9劃

10劃以上

九型人格演色書——
深入了解九角星圖，探索學習，成爲更好的自己

作　　者──莉茲・卡佛（Liz Carver）&　　　發 行 人──蘇拾平
　　　　　　喬許・葛林（Josh Green）　　　總 編 輯──蘇拾平
譯　　者──彭臨桂　　　　　　　　　　　　編 輯 部──王曉瑩、曾志傑
特約編輯──洪禎璐　　　　　　　　　　　　行 銷 部──黃羿潔
　　　　　　　　　　　　　　　　　　　　　業 務 部──王綬晨、邱紹溢、劉文雅

出　　版──本事出版
發　　行──大雁出版基地
　　　　　　新北市新店區北新路三段 207-3 號 5 樓
　　　　　　電話：(02) 8913-1005　傳眞：(02) 8913-1056
　　　　　　E-mail：andbooks@andbooks.com.tw
劃撥帳號──19983379　戶名：大雁文化事業股份有限公司
封面設計──COPY
內頁排版──陳瑜安工作室
印　　刷──上晴彩色印刷製版有限公司
2021 年 07 月初版
2024 年 10 月二版
定價　台幣 550 元

WHAT'S YOUR ENNEATYPE?: AN ESSENTIAL GUIDE TO THE ENNEAGRAM:
UNDERSTANDING THE NINE PERSONALITY TYPES FOR PERSONAL GROWTH
AND STRENGTHENED RELATIONSHIPS
First Published in 2020 by Fair Winds Press, an imprint of The Quarto Group
Text and Illustration © 2020 Carver and Green
This edition arranged with The Quarto Group,
through Big Apple Agency, Inc., Labuan, Malaysia.
Traditional Chinese edition copyright © 2021 Motifpress Publishing, a division of And Publishing Ltd.
All rights reserved.

國家圖書館出版品預行編目資料

九型人格演色書──深入了解九角星圖，探索學習，成爲更好的自己
莉茲・卡佛（Liz Carver）& 喬許・葛林（Josh Green）／著　彭臨桂／譯
──.二版.── 新北市；本事出版：大雁文化發行，2024年10月
面；　公分.─
譯自：What's Your Enneatype? : An Essential Guide to the Enneagram Understanding the
　　　Nine Personality Types for Personal Growth and Strengthened Relationships

ISBN 978-626-7465-27-1（平裝）
1.CST：人格心理學　2.CST：人格特質
173.75　　　　　　　　　113011707